あの子はなぜ荒れるのか

発達障害・アタッチメントとトラウマインフォームドケア

◉共著
楠 凡之
丹野清彦

高文研

はじめに

楠　凡之

筆者ら（楠凡之・丹野清彦）は二〇二二年に「感情コントロールに苦しむ子ども　理解と対応」（高文研）というタイトルの本で、教育現場の実践事例を丹野が整理して紹介し、楠が各事例の解説と理論編を執筆しました。前書では14事例すべてが小学校の事例でしたが、本書では幼児期が1事例、小学校が8事例、中学校4事例と年齢幅をかなり広げました。

本書のタイトルは「あの子はなぜ荒れるのか」です。各事例の解説では、発達論、アタッチメント理論、発達障害、さらには「逆境的小児期体験」（ACE）などの様々な学術的な知見を参照しつつ、理解と援助の課題を提起しました。また、子どもや保護者に関わる教職員自身が抱える「未解決の葛藤」の問題についても具体的な事例に則して分析してみました。

子どもの荒れの背景には様々な問題がありますが、理論編では「荒れ」の背景にある要因を、1．発達論的な視点、2．逆境的小児期体験（ACE）の視点、3．発達障害・知的障害の視点、の三つの観点から整理しました。これらの視点は前著でも提起していましたが、本書では、1．の発達論的な視点について、就学前後の時期、「九・一〇歳の発達の節目」の時期、思春期の三つの時期を取り上げてより詳しく解説しました。子どもの「荒れ」などの問題行動を、その時期の発達に必要な活動と人間関係を求める「発達要求」として捉えることで、「問題行動を力で抑え込む」のではなく、「結果的に問題行動が必要でなくなる」教育実践のあり方を提起したつもりです。

また、本書では「逆境的小児期体験」の概念についても紹介しました。逆境的小児期体験とは一八歳までの被虐待体験、両親の離婚やＤＶ、家族の薬物乱用・精神疾患・服役などの経験を意味しており、被虐待体験だけでなく、子どもの心にダメージを与える多くの家族の体験が含まれています。子どもの「荒れ」の背景に、このような逆境的小児期体験での傷つき、さらにはトラウマが存在している場合は少なくありません。子どもの荒れなどの問題行動を逆境的小児期体験によるトラウマという視点から捉えることも大切です。

そして、「荒れ」の背景の三つ目として、ＡＳＤ（自閉スペクトラム症）などの発達障害の問題、そして軽度知的障害や「境界知能」の問題があげられます。本書で紹介した13例中、９例が発達障害あるいはその傾向が推測される子どもでしたが、このような発達障害、発達特性への適切な理解と支援が行われない中で、子どもが「荒れて」いく事例は多くあります。

また、近年、発達障害・知的障害の子どもがトラウマを受ける確率の高さも指摘されており、理論編でも「発達障害・知的障害とトラウマ」という項を立てて解説しました。

そして、最後に今日の学校に求められる「トラウマインフォームドケア」の重要性を指摘しました。トラウマインフォームドケアとは、トラウマについての理解を深め、多様な実践の局面でトラウマへの癒しを大切にしようとする支援のあり方を意味しています。

学校の教員が認識しているよりもはるかに多くの子どもたちが、障害の有無にかかわらず、様々な逆境的小児期体験を経験し、そこでの傷つきや葛藤を抱えながら学校に来ている（あるいは学校に来れていない）現実があります。それだけに学校は、まず何よりも「安心・安全な場であること」が求められており、そのような安心・安全感が感じられる場であってこそ、子どもたちの学習権、発達（development）への権利も保障されるのです。

本書が「荒れ」や不登校でしか自分の傷つきや生きづらさを表出できない子どもたちをより深く理解し、その心に安心感を届け、子どもたちのもつ潜在的な力や可能性を豊かに開花し、展開していく教育実践を進めていくための一助になってくれることを心から願っています。

★目次

3章 発達障害の子どもたち〔その2〕小学校高学年以降

4章 思春期の自立を模索する子どもたち

カバー・本文イラスト＝yukinoe

1章

不安定なアタッチメントの関係を生きる子どもたち

1 暴れる・車で寝る子

年長男児

▼どんな子どもか▲

- ✓散らかし放題、床に寝そべる
- ✓人をたたく、怒鳴る、暴れる
- ✓注意するとおもちゃの包丁で自分を刺す
- ✓お母さんはＤＶを経験していた

◈関わり方◈

- ✓代わりにあやまり、園内に受け止め役をつくる
- ✓態度を言葉に訳してあげる

〈教えて〉この子なぜ暴れるの？

1 注意されると暴言を吐く子

ひなたくんは入園してすぐ床に寝そべる。注意すると暴言を吐き、物を投げる。それがまわりの子に当たり、苦情が来るだけでなく、転園する子もいた。保護者はお母さんだけで、昼は自転車屋で働き、夜はピザ屋で働いている。遅刻が多く、連絡ノートへ返事もなく、お弁当も作らない。毎日のように大幅な遅刻をする。休みも続く。

「せめてひなたくんの暴力を減らしたいんですが、いい方法はありませんか」

五十鈴《いすず》先生がお母さんに相談すると、

「暴力は父親に似たんです」とすり替える。夫からDVを受け、三年前に離婚が成立した。

2 一〇項目を超えるチェック

幼小接続と墨で書かれた紙が存在感を示している。小学校へ入学することを見越し、生活習慣の徹底に力を注いでいる。しかし、力を入れるほどにひなたくんが反発する。ひなたくんはがっしりした体型で、体重は平均よりたっぷりある。筋肉質、目は細く釣り上がっていた。

ちょうど自由保育が終わり、割り当てられた机付きの椅子に座ろうとしている。ひなたくんは隣に座っている子に「どけ！」と声をかけた。相手が動かず、今度はなぐろうとする。

主任は「早期教育はしたくないけど来年は一年なので、学校に適応できるようにしたい。だけど、こんな方針でいいのかしらね」、五十鈴先生を見て苦笑いを浮かべた。

「普段は給食後だと寝ています。今は席に戻りましたが、頑張っている証拠です。マルしとこうかな」

五十鈴先生はホワイトボードを取り出した。ボードには、朝のあいさつ、カバンかけ、席に着く、仲良く遊ぶ、うがいと手洗い、食事のあいさつ、お片付けなど一〇を超える項目が書いてある。久しぶりのマルですね、と笑いかけたものの、迷いもある。頑張っていますよ、とお母さんに伝える表が悪い結果を示すことになり、取り組みが三週目に入ると、お母さんは姿を見せなくなった。項目が多すぎる。二人とも薄々感じながら六月が終わった。

3 DVを受けてきた母

ひなたくんのお母さんは若い。丸顔でショートカット、所々に金色のカラーを入れている。夜七時からピザ屋に勤めていた。七月の上旬、いつものように店にひなたくんを連れていく。そして、駐車場に止めているお母さんの軽自動車で寝せる。それを客が見て、虐待だと通報し大騒ぎになった。たまらず、お母さんに園に来てもらった。

「おばあちゃんか、おじいちゃんはいないのですか」

五十鈴先生が沈んだ表情で話すと、

「おばあちゃんには預けたくない。祖母も祖父も嫌い。折り合いが悪く、引っ越しました。預けるとひなたの好き勝手にさせる。お菓子は食べ放題、ゲームはさせ放題。放任ですよ」

両親を批判した。五十鈴先生はお母さんだって放任だと感じた。そもそも、ひなたくんはおばあちゃんの家が気に入っている。それを離されたから立ち歩く、カスタネットを勝手にたたくのではないか。お母さんの気まぐれな判断が原因だと思っていた。

すると主任さんが、抑えてと目で合図を送ってきた。

「少し前、ひなたくんを注意すると、ままごとセットの包丁で自分を刺す真似をした。心配です。私たちが、お母さんのお力になれることはないですか」

主任さんは、ひなたくんの仕草はお母さんを写しているのではないか、と考えていた。お母さんは、ちょっとの間ひなたくんを見た。

「実は・・・元夫から受けたＤＶがフラッシュバックしてきて、夜眠れません。よく警察が止めに来てくれていました。眠れなくて、ついビールを飲みます。何本も。それで荒れて、ひなたにカンを投げつけることもありました」

「・・・そうだったんですか。よく耐えましたね」

「今は病院で薬をもらっています。私がイライラしているので、ひなたも眠れない。あんまり眠れないから、夜中に髪を染めに行くこともある。するとひなたが待っている。親子で寝坊してしまう。たまに早く寝ても、ひなたが寝言で母さんごめん、と泣くことがありました」

涙を抑えた。面前ＤＶもあったらしい。五十鈴先生は切なくなった。

❹ 受けとめ役をつくる

翌週から支援員さんをひなたくんにつけることにした。チェック項目は取りやめた。支援員さんが注意は一切せず、受容的に接する。お母さんの子育て支援について、祖母や公的機関にサポートしてもらうよう働きかけた。

夏休みが終わり、最初のお弁当日、ひなたくんは遅刻してやってきた。お弁当を持っていなかったので、五十鈴先生がお母さんに連絡した。

「ああ、忘れていました・・・」

「昨夜は、ちゃんと眠れたんですか」

「ええ、いや、焼酎を飲みすぎた」

その一時間後にお母さんが素足で持ってきた。主任さんが次からは公的機関と相談して、お弁当を準備することにしましたと話すと、頭を何度も下げ近づいてきた。

一〇月に入ると園でも運動会の練習がスタートした。ひなたくんは今日も外を中心に遊んだが、砂場でトンネルを掘っている子の邪魔をした。注意されると砂を踏み固め、今はふてくされ突っ伏している。帰りの話を先生がしている時だった。

「うえーん」突然、大きな泣き声がした。男の子が泣いている。

「ひなたくんが頭をたたいた」

まわりの子が教えにかけてくる。支援員さんが問い詰めそうになったが、

「何か言いたかったんだよね。わけがあるんだよね」

言葉を選んだ。ひなたくんは、

「こいつが寝ていたから起こしてあげた」

「・・・・・」

「寝ていたら悪い。きまりや」

「そ、そうなの、起こしてあげたの。えらいよ。でも、起こし方を考えようね」

支援員さんが認めた。

5 バスを待つ姿

時計は二時になろうとしていた。「そろそろ帰りの準備をしようね」と、砂場で遊んでいるひなたくんに声をかけた。室内に置いてあるショルダーバックを取りに行こうとして、近くにいた男子の頭を小突き、その子が叫ぶとへらへら笑った。もう一回小突く真似をした。

そこへ支援員さんが近づき、ごめんねと相手の子に頭を下げた。

「ひなたくんは遊んでほしかったんだよね」

態度を言葉にした。そして、ひなたくんに話しかけた。

「明日はお弁当日だけど、おかずは何がいい。お弁当屋さんに頼んでおくわ」

「たまご焼きとウインナー」

叫ぶように飛び上がり、腕にまとわりついた。バックを肩にかけ、さようならの挨拶もなく玄関の扉を開けた。

「ドアを閉めてね」五十鈴先生が呼びかけたが、そのままだった。「本当にもう・・・」先生が玄関に降りると、支援員さんが駐車場に座っているひなたくんを見つめている。

園から離れた放課後の施設へ、ひなたくんは通っている。迎えのバスがよく遅れる。

「車に気をつけて帰え・・・」

五十鈴先生は声をかけようとして固まった。ひなたくんは、お友達と迎えにきたお父さんの様子をじっと眺めている。お友達が黄色いバックを手に、お父さんの背中に乗ろうとした。お父さんがゆっくり立ち上がり動き出した。次の子は、お母さんに園のバックを渡して、持ってもらっている。そして、自動車のドアを開けてもらった。一人ふたりとお迎えが来る。ひなたくんはいつもこの光景を眺めていたのか。

「五十鈴先生、私、明日ひなたくんの弁当を作ってきますからね」

「えっ、つくる気なの？」五十鈴先生は、しみじみと支援員さんの顔を見た。

「ひなたくんは、昔の私です。私の母は学校の先生で、いつもお迎えは最後だった。シングルだったんですよ。保育園は嫌いじゃなかったけど、いつも母をまだかなって待っていました。あんな感じで駐車場を見ていました。あの後ろ姿は私です。私が親になります」

支援員さんの目に、過去の自分が写っている。五十鈴先生が、

「三回に一度くらいなら私も作ろうかな」と言いかけて二人は笑った。

役場から三時の音楽が聞こえてきた。トロイメライのメロディは胸に響いた。あの子は夢を持てるのだろうか。

解説

アタッチメント（愛着）の関係を通して親子に安心感を届ける

1 ひなたくんと母親をどう理解するか？

ひなたくんの抱えていた寂しさと傷つき

ひなたくんの家は母子家庭であり、母親は昼夜にわたって働き、夜の仕事中は車の中で寝かせられているなど、ネグレクトの状況に置かれていた。

養育者との不安定なアタッチメントの関係を生きてきたひなたくんは自分の寂しさを受けとめてほしいと切実に願いながらも、その思いを問題行動のかたちでしか表現できなかった。そして、先生からその行為を注意されて傷つき、物を投げる、等の攻撃的な行動をとってしまう。そのために周囲からは否定的な眼差しを向けられて傷つき、さらに荒れてしまうという悪循環に陥っていたと言えるのではないか。

母親自身の「未解決の葛藤」

「未解決の葛藤」とは、過去の体験による傷つきや怒りの感情が未解決のまま心の中に存在している状態を意味している。（山口　二〇〇四　四八頁）

子ども時代の外傷体験が未解決な状態であると、大人になってからも心理的な影響が生じてくることが指摘されている。ただし、「未解決の葛藤」のすべてが子ども時代の体験によるものではなく、成人してからの外傷体験による「未解決の葛藤」も存在している。

ひなたくんの母親は実の両親との折り合いがとても悪い。そのために困難な状況であっても一切両親には頼ることができないばかりか、ひなたくんが祖父母になつくことも受け入れられなかった。もしかすると自分自身を受けとめてくれなかった両親が孫のひなたくんは可愛がり、甘やかすことが、母親の子ども時代の傷つきをフラッシュバックさせ、「許せない」という感情に襲われてしまっていたのかもしれない。

母親は両親との関係で安心して依存することができなかったため、上手に他者に助けを求めることができないまま、周囲の人に対して心を閉ざしてきたのではないか。それに加えて、前夫からのＤＶ被害によるトラウマもあり、その外傷体験のフラッシュバックにも苦しんでいた。母親がアルコール依存になっているのも、そのような外傷体験のフラッシュバックによる不快感情を酒に酔うことで否認していたからではないだろうか。

2 支援の課題

ひなたくんの view への共感的な理解

母親が夜まで働き、ひなたくんが一人で過ごさせられている環境は、欧米なら明確にネグレクトと判断される状態であり、ひなたくんの抱えていた寂しさは十分に了解できるものであろう。それはお迎え時の他の子どもと保護者とのやりとりをじっと眺めているひなたくんの姿にも現れており、その姿を見た担任の先生や支援員も衝撃を受けていた。しかし、それは問題行動でしか自分の思いを表現できなかったひなたくんを可愛い、いとおしいと感じられた瞬間でもあった。そして、子どもに対して可愛い、いとおしいと感じられる関係が築けたとき、ひなたくんに安心感を届けられるアタッチメント対象になっていくことができたのではないだろうか。

感情の丁寧な言語化を通じて心を抱きしめる

ひなたくんの攻撃的な言動によるトラブルは絶えることがない。

しかし、ひなたくんの抱える寂しさや傷つきに気づいた先生や支援員は「何か言いたいことがあったんだよね」「ひなたくんは遊んでほしかったんだよね」と行動の背後のワケを丁寧に聴き取っている。子どもが言葉にできない思いや感情を適切に言語化して応答していくことは「子どもの心を抱きしめる」ことでもある。実際、自分の思いを受け取められたと感じたひなたくんは「叫ぶように飛び上がり、腕にまとわりつく」というアタッチメント行動をしており、安心して支援員の方に甘えられるようになっている。

母親自身の「未解決の葛藤」の受容

担任の先生の「せめてひなたくんの暴力を減らしたいんですが・・・」という言葉に対して、母親は「暴力は父親に似たんです」と返事を返している。これを担任の先生は「話のすり替え」と感じていた。しかし、この母親の返答から、母親との深い対話の糸口を開くことは十分に可能だったのではないだろうか。「そうだったんですか。ひなたくんのお父さんもよく暴力を振るう方だったんですね」と返していきながら、父親のDVやひなたくんへの暴力の話を聴き取り、そこでの母親の傷つきや葛藤を共感的に受けとめることができれば、もっと早い段階で母親との信頼関係を築くこともできたのではないだろうか。

両親のことを尋ねた時の「祖母も祖父も嫌い。折り合いが悪く、引っ越しました」という母親の返事からも、母親の中にある「未解決の葛藤」の存在は十分に推察される。しかし、ここでも「お母さんだって放任だ」と担任の五十鈴先生は感じており、この段階でも母親の生きづらさや葛藤に対する共感的な理解はできていなかった。その意味では何度も母親自身の「未解決の葛藤」に迫る手がかりはあったにもかかわらず、そのチャンスを逃してしまっていたと言えるのではないだろうか。

しかし、主任の先生が「ひなたくんを注意すると、ままごとセットの包丁で自分を刺す真似をした。心配です。私たちがお母さんのお力になれることはないですか」と語った時に、ようやく母親は自身のDV被害体験と今でもそのフラッシュバックに苦しめられていることが語られていく。それ以前はひなたくんの問題行動の件で母親への要望（苦情）が出されており、母親は周囲から向けられる否定的なまなざしを感じて心を閉ざしてしまっていたのではないか。しかし、「あなたの助けになりたいんだ」という言葉によって母親の心のなかに安心感が生まれ、それまで誰にも言えずに抱え込んでいた傷つきを表現できたのであろう。そして、それに対して主任の先生が「そうだったんですか。よく耐えましたね」と心から共感して応答した時に、母親は自分の苦しみだけでなく、「寝言で母さんごめん」と叫んで泣くひなたくんに対して抱いている罪悪感も語っている。このようにして、母親が安心して自分の思いを語り、ヘルプが出せるような信頼関係が築かれていったと考えられる。

アタッチメント対象は乳幼児期の子どもに必要なものと考えられがちであるが、大人にとってもアタッチメント対象は必要である。

大人にとってのアタッチメント対象とは、自分のありのままの思いを打ち明けられる他者、そして、自分が困っているとき、苦しい時に助けを求めたら、きっとこの人は助けてくれるだろうという信頼感を持てる他者を意味している。（アントニア・ビフィルコ他　二〇一六）

その意味でも母親にとって支援員や先生がアタッチメント対象になれたことの意義は大きい。なぜなら自分の思いを安心して表現でき、困ったとき、つらい時に頼れる他者とのつながりがあることで、我が子の感情やニーズを受けとめる心のゆとりも生まれてくるからである。

3　援助者自身の「未解決の葛藤」をどう整理していくのか

この母親ほど深刻なものではないとしても、教師や支援者自身が子ども時代の「未解決の葛藤」を抱えて生きていることも少なくない。実際、この事例では、支援員自身の幼少期の体験がひなたくんの寂しさへの共感につながり、ひなたくんを「助けたい」という思いに支援員を駆り立てていた。

ただし、そのような思いは「両刃の剣」であることも理解しておく必要があるのではないか。自分自身の「未解決の葛藤」に突き動かされた行動は時には「私が守らなければ」と問題を抱え込むことにもつながっていく。あるいは逆に「未解決の葛藤」が刺激されるがゆえに、関わりを回避・拒否してしまう事態も生じてくる。その意味では自分自身の「未解決の葛藤」を理解し、整理していくこと、少なくともそれに上手に付き合っていくことが、困難な課題を持つ子どもや保護者との適切な距離感を持ちつつ支援していくためには必要になってくるのではないだろうか。

2 依存・かまってちゃん

小1女子

▼どんな子どもか▲

✓先生を独り占めしたい
✓向こうに行ってというと暴れ出す
✓他の子にかまうと体当たりする

◈関わり方◈

✓隣に聞き役の大人をおいた
✓それをモデルに教える子ども登場
✓ぬいぐるみ仲間「だっこクラブ」誕生
✓対策会議を関心のある子で話し合う

〈教えて〉
どうしてここまで求めるの？

1 愛情を求める

引き継ぎで聞いていたひまわりさんは、すぐにわかった。

「先生見て。このふでばこね、お姉ちゃんからもらった」

月待《つきまち》先生は連絡帳をチェックしていた。ひまわりさんは先生の正面に立ち、毎朝のように「昨日、プールに行った」とか、「ゆうべのご飯は餃子だった」と、短い言葉で一方的に話し続ける。相槌を打たないと「ちゃんと聞いて」、先生の手を揺さぶってくる。ひまわりさんは大柄な女子で、声もでかく力も強い。

「わかった！　その答え、わかった！」

ひまわりさんは発言したくなると手をあげ、机を押して迫ってくる。おかげで、前後左右の子とぶつかりもめた。次は一番前にした。すると立ち上がり教卓の前まで来て、あててくれとばかりに行動する。指名しなければ、その場に大の字に寝転び、バタバタ暴れる。発言している子どもに体当たりする。された子は間違いなく吹っ飛ぶ。かまって、どころの圧ではない。

2　保護者の怒り

ひまわりさんは左足の上靴をいつも左右に動かしている。五月の終わり、教育委員会の方が参観した時も委員会の方を自分の隣に手招きし、しゃべり続けた。教頭が引き離すと、床に寝転んで暴れた。校長が各クラスを見回る際も、招き寄せ、大輪の笑顔で話しかける。独占できると満足した。

あいにく一年には、課題を抱える子はたくさんいて、ひまわりさんばかりを手厚くできない。晴山《はるやま》くんはこだわりが強く、発達障害の傾向を持っている。ひまわりさんの、空気を読まない、自分勝手な言動にいちいち反応し、「やめろ、うるさい」と怒鳴る。するとひまわりさんもムキになり、教室は騒然となる。明らかに敵対している。

七月にちょっとした事件が起きた。

「私の給食エプロンが切られている」涙目で訴えてきた。

「大変だわ・・・ひまわりさんは大丈夫?」

月待先生は裁縫セットを取り出して繕った。彼女はすぐに大きな笑顔を浮かべた。調査していくと、昼休みにひまわりさんがハサミを持ち出している姿を何人もが目撃していた。本人に確認すると素直に認めた。放課後、お母さんにことの顛末を電話した。

九月の中頃、「ひまわりがいじめられている」と、お父さんが激しい剣幕で電話してきた。放課後遊びに来て、砂場でトンネルを掘っていると帽子がない。砂にまみれた帽子を持って帰り、「三年生に砂場に埋められた」とお父さんに答えた。

「あした事情を調べます」電話を受けた教頭が答えたが、直後にお父さんとお母さんが帽子を持ってやってきた。お母さんは子どもの頃にいじめられた経験があることを語った。心配でたまらないと訴える。お父さんは腕組みをして、学校なんか信用ならんと怒鳴った。中学校時代に嫌な思い出があるらしい。とにかく明日まで待ってほしいと、帰ってもらった。

翌日、グランドで練習していた野球部に聞くと、ひまわりさんしか砂場にいなかったらしい。それを来校したお父さんに伝えることにした。お父さんは強い口調で本人に確かめた。ひまわりさんは弱々しい声で認めた。ほっとしたのも束の間、

「一学期はエプロンを切られた。今度は帽子ですよ」

翌週、お母さんから怒りの連絡が入った。

「エプロン事件は自分で切ったと連絡したではないですか」

どうして今頃なのかと思いながら、丁寧にお答えすると、

「えっ、そうでしたか。ああ、確かに思い出した」

すぐに納得してくれた。

3 ぼくが教える

九月以降も手提げカバン事件、上級生との筆箱事件などが起きた。ひとりぼっちでいるとなんだか事件が起きる。多くが関わりを求めることに端を発していた。月待先生はひまわりさんの依存してくる圧力にへこたれそうになる。管理職は「やっぱり手厚くしよう」と、午前中は支援員さんをつける体制に変更した。

ひまわりさんは「月待先生、うち・・・」と話す場面は度々あった。しかし、支援員さんが「私に話して」と声をかけると、とたんにニコニコして、支援員さんに全身を向けた。

支援員さんがついていない午後の算数だった。

「先生、ひまわりさんに教えていいですか」

一色《いっしき》くんが自分から名乗りを上げた。一色くんは支援員さんがするように、言葉かけをしてくれた。月待先生が感謝すると、

「楽しかったー。ああ、楽しかった」ひまわりさんが大きな声で喜びを表した。

「だまれ！　うるせー」晴山くんが立ち上がって引っ掻こうとした。

「何がうるさかったの？」月待先生はここで言語化を求めた。

「声がでかすぎだ！」晴山くんは先生に腕を握られている。物騒な声を出し、バタバタと床

を蹴る。

「バーカ」今度はひまわりさんから負の感情が吹き出し、晴山くんに浴びせる。

「悔しかったんだよね。でもバーカじゃなくて、言い換えてみて」

「これは、・・・うちのふつうです」

「晴山くん、どう答える?」

「ムムッ・・・ムカつく」ふたりには根気強く、言い換えることを求め続けた。

二週間後、一色くんだけでなく小福《こふく》さんら四人が、「教えにいきたいです」と立候補し、大賑わいになった。ひまわりさんは気を良くして、

「今日も楽しかったー」

幸せいっぱいな声を出した。晴山くんが「うる、ウル・・・」ともぐもぐしながら、「少しは小さくしろ」と言い直した。「ごめーん、きょうも、たのしかった・・・」ひまわりさんも、声の調子を落とせるようになった。

4 ぬいぐるみだっこクラブ

子どもたちの大半はランドセルを背負い教室を出た。月待先生はひまわりさんに聞いてみた。

「友だちはできたかな。誰と友だちになったの」

「うーん・・・わからない」

「わからない？」

「だって、いっぱいいいすぎて決められない」

「決めなくていいんだよ。うれしい悲鳴ね。学級は楽しい？」

「楽しいよ。いいことしてシールを集めたら、先生がミッキーと一緒に写真を撮ってくれるから」

ぬいぐるみに興味があるらしい。チャイムがなる。ひまわりさんが給食台の上に置いてある、ミッキーのぬいぐるみを抱える。他の子がやってきた。私のものよ、アピールするように強く抱きしめる。小福さんともう一人が、そのまわりをどうしよう、という感じで回っている。

「お願い、ひまわりさん、ちょっとだけ私にも触らせて」

小福さんが懸命な表情で頼んだ。

「おねがい・・・」

「うん、いいよ。はい」

小福さんが弾んだ声でお礼を言った。ひまわりさんも、もう一度「うん」と返してはしゃいだ。数人で交代にぬいぐるみを抱える、だっこクラブが誕生した。

5 ともだち会議

「大変だ、ひまわりさんが体当たりしている」

冬休みまであと少しという時期だった。一色くんが吹っ飛ばされた。晴山くんが一色くん側に立ち、ひまわりさんと対決した。近くにいた子たちが、晴山くんと同じ行動をとる。ひまわりさんは孤立し、パニックはもっと大きくなった。

月待先生は間に入り静止した。ひまわりさんの呼吸が荒い。ひまわりさんは「一色くんが他の子に教えにいった。好きだったのにとられた気がした」と話した。誤解が解けるとあやまった。すると聞いていた小福さんが、

「先生、どうして人のケンカに加勢する人がいるんですか。おかげでケンカが大きくなっています」

かねてから持っていた疑問を投げかけた。

授業を進めるかたわら、小福さんを中心に興味がある人たちでこのテーマで話し合わせた。大方の意見としては、「自分たちもケンカがしたい」や「普段の恨みをここでぶつけている」などが出た。話し合いに参加した子は、立派なことを成し遂げた達成感を共有しているように見えた。月待先生は子どもたちの姿に、負担が軽くなるように思えた。

昨日もひまわりさんは体当たりをしようとした。まわりも逃げることが上手くなっている。しかし、ひまわりさんの体当たりは迫力がある。避けきれず、転んだ。すかさず小福さんが近づいて、話し合いたいから時間をくださいと先生に頼んだ。少しすると、

「先生、紙はありますか」一色くんが鉛筆を片手に探している。どうする気なのだろう。彼らは体当たりに至った事情を順に聞き取り、紙に視覚化している。大したものだ。

「これからひまわりさんが体当たりしそうになったら、誰が止めるか係を決めよう。えーと係は、先生を呼びに行く係と、体当たりされた人を守る係と、あとは何がいる？」

「ぼくは足が速いから先生を呼ぶ係がいい」

ポーンと足をたたいた。すると一色くんが、

「きみが体当たりされた時はどうなる？」と心配した。

分担用紙はこの人の場合はこうすると、パターン毎に細かく分けられた。けれど、

「細かすぎて紙がグジャグジャで読めない」そんな悲鳴も聞かれた。

遠巻きにひまわりさんと月待先生が見ている。先生はひまわりさんのおかげで、子どもたちが成長していると今は心の底から思っている。

解説

アタッチメント対象をどう広げていけるのか?

1 ひまわりさんをどう理解するのか

無差別的なアタッチメント

ひまわりさんの「発言したくなると机を押して迫ってくる」「指名しなければ、その場に大の字に寝ころび、バタバタ暴れる」「大声で話し、声の大きさの調整ができない」などの衝動的な行動を見ているとADHD的な特性が感じられる。しかし、その一方で「先生を独占したい」という衝動の強さはあまりにも激しく、これは発達特性だけでは説明がつかないものであろう。

ひまわりさんがここまで周囲の大人にしがみつかなければならないのはなぜなのだろうか。ひまわりさんの母親は子ども時代のいじめ被害体験を繰り返し語っており、その時のトラウマから解放されていない。そのため、ひまわりさんから「エプロンを切られた」という言葉を聞いた時、一気に過去の外傷体験がフラッシュバックした結果、適切な状況判断ができないまま、行動化に至っている。推測の域を出ないが、母親にも何らかの発達障害か知的な問題があり、そのために子ども時代に周囲から「異質性の排除」のいじめのターゲットにされ、傷ついてきた可能性も考えられるのではないか。

母親は自身の子ども時代の「未解決の葛藤」に振り回されており、その精神的な不安定さのためにひまわりさんのアタッチメントのニーズに応答することができなかったのではないだろうか。そのことが、ひまわりさんが養育者との関わりでは埋まらない寂しさを埋めてくれる大人との関わりを必死に求めていかざるを得なかった原因になっていたように思われた。

ところで、ひまわりさんは特定の相手を選んで依存していくのではなく、自分をかまってくれそうな相手であれば誰に対してもしがみついている。この「無差別的なアタッチメント」と呼ばれる問題は児童養護施設に入所した直後の時期の子どもにはよく見られる行動である。自分では抱えられない激しい寂しさや不安を目の前にいる人にしがみついて何とか埋めてもらおうという必死の思いなのかもしれない。

ひまわりさんは自分が依存している相手に受けとめてもらえないと深く傷つき、すぐにその傷つきが激しい怒りに変わって暴れたり、他の子どもに体当たりしてしまっていた。

ちなみに、「自分でモノを隠して、盗られたと訴える」という「自作自演の行動」も不安定なアタッチメントの関係を生きてきた子どもにはよく見られる行動であろう。それだけにそのような屈折した行動の背後にあるアタッチメントのニードをまっすぐに表出できるようになれば、「自作自演の行動」も結果としてなくなっていくと考えられる。

ぬいぐるみの持つ意味

ひまわりさんのしがみつきはぬいぐるみの場面でも表現されている。ぬいぐるみは「移行対象」とも呼ばれ、アタッチメント対象の代替物になるものでもある。小さな子どもがお気に入りの人形やタオルなどを決して手放せず、それがないと大騒ぎするのも、アタッチメント対象が不在の時と同じような不安感を喚起するからであろう。その意味では家族の中に安定したアタッチメント対象を持てないひまわりさんがぬいぐるみを他の子どもに譲ることができずに独占しようとしたのは半ば必然であったと考えられる。

しかし、この段階になると、一色くんや小福さんのように自分に親身になって関わってくれる友だちができ、自分が仲間から受け入れられているという安心感がある程度生まれていたこと、ひまわりさんにお願いしたのが自分に親切な小福さんだったこと、さらに「ひまわりさんだけずるい」というような非難の口調ではなく、真剣な表情で「お願い」と頼んだことでひまわりさんもその願いを受けとめることができていた。「自分の願いが受けとめられた時に初めて、相手の願いを受けとめられるようになる」プロセスがここでは展開していたといえよう。

そして、そこから「だっこクラブ」が生まれ、子ども同士のつながりに発展しており、「移行対象」をシェアしていくことで他の子どもたちとのつながりが生まれた点はとてもよかったように思う。

2　小学校低学年の発達的特徴

小学校一年生の時期は「他律的道徳」と呼ばれる時期である。他律的道徳の段階では、養育者や教師など、子どもにとって身近な大人が承認するか否かで行動が決まる。子どもは大人（両親や先生）が言ったきまりは絶対に守らなければならないと考えている。

この時期は大人の言動がそのままモデルとして取り込まれていくことも少なくない。たとえば、一色くんは支援員のひまわりさんへの関わり方をモデルとして取り込んでおり、支援員さんが不在になった時には支援員さんのようにひまわりさんに関わっていた。一色くんの行動の動機はひまわりさんに喜んでもらうことよりも、先生に認めてもらいたいという思いの方が強かったのかもしれない。

さらに一色くんの行動に対する先生の肯定的な評価を見て、他の子どもたちもひまわりさんに積極的に関わるようになっていく。もちろん、これは担任の先生と他の子どもたちとのアタッチメントの関係ができていたことも大きかったと考えられる。

その一方でこの時期は相互的な関係理解は困難であり、ケンカになるとどちらか一方が悪いという見方になってしまい、両方の立場に立って考えることは困難である。(理論編二一四頁)特に晴山くんのようにASD傾向にある子どもであれば、さらにシングルフォーカスになりやすく、一方の側の子どもが悪者にされてしまう危険性が高いだけに、注意が必要である。

3 支援の課題

アタッチメント対象の複数化

不安定なアタッチメントの関係を生きてきた子どもは心の中に寂しさ、空虚さのぽっかりあいた穴を持っている。その穴を埋めてもらおうとして依存対象に激しくしがみついて操作しようとし、それを受け入れてもらえないと激しくキレてしまうこともしばしばである。それだけに、アタッチメント対象としての役割を先生が一人で担っていくことはあまりにも大きな負担になってしまう。その意味では、ひまわりさんのために支援員をつけたことでひまわりさんが担任の先生一人にしがみつく必要がなくなったこと、さらに支援員さんがいない時にはクラスの友だちが代わりをしてくれるようになったのはとても幸運であった。

このようにひまわりさんが依存できる他者が複数いること（「アタッチメント対象の複数化」）は重要な支援課題である。

ちなみに、ひまわりさんのしがみつきは自分に関わってくれていた一色くんに対しても起こっていた。もちろん、このことで新たなトラブルも生じていたが、アタッチメント対象の担い手が大人だけでなく仲間集団にまで広がり、ひまわりさんと仲間集団とのつながりが発展していったことはとても評価できるのではないか。

行動の背後の感情は受容しつつ、より適切な行動を選択できる援助を

月待先生はトラブルを起こした子どもの行動の背後にある思いを「悔しかったんだよね」というように丁寧に言語化しつつ、「バーカじゃなくて言い換えてみて」というように、代替的な行動を選択できるよう援助している。これはひまわりさんのように不安定なアタッチメントの問題を抱える子どもだけでなく、晴山くんのようなＡＳＤなどの発達障害の子どもにとってもとても重要な支援方法であろう。さらに、適切な行動をした時に肯定的な評価を返していくことでその行動もさらに強化されていくのである。

トラブルを子どもたちの学びと協働の契機に

小福さんや一色くんは、紙と鉛筆を使ってひまわりさんの体当たりに至った事情を順に聞き取り、紙に視覚化して理解しようとしていた。おそらくこれは先生の支援の仕方を観察し、行動モデルとして取り込んでいたものであったと推測される。

また、子どもたちはひまわりさんの問題行動に対する苦情を先生に訴えるだけでなく、自分たちで解決するための作戦も立てている。このことでひまわりさんの起こすトラブルは子どもたちが楽しみながら協働していく契機にさえなっている。ひまわりさんにとっても、自分が問題を起こしてもみんなから見捨てられない、みんなが関わってくれるという安心感は、やがて体当たりなどの問題行動を減少させていく（そのような行動を必要としなくなっていく）ことにもつながっていくのではないだろうか。

「ひまわりさんのおかげで子どもたちが成長している」という月待先生の思いは本当にその通りであろう。逆に言えば、子どもの問題行動に教師だけが個別に対処するのではなく、子どもたちと一緒に悩み、時には楽しみながら問題解決の作戦や役割分担を考えていくことが重要であろう。そうしていけば、子どもが表出する問題行動さえも子どもたちの自治と協働の力を育んでいく契機にしていくことができるのである。

3　乱す・心が半分しかない

小4男子

▼どんな子どもか▲
✓ものを投げ、暴れ、授業を乱す
✓根っこに、クラス分けの恨みか
✓「クラスにいたい」だったら約束して！
✓父さんには心がない？

◈関わり方◈
✓本人に決めさせる
✓虐待 ↓ 連絡してやめさせる
✓落ち着かせ、話を聞き、個別学習

〈教えて〉
落ち着いたのはどうして？

1 授業を妨害する子

業平《なりひら》くんが好き勝手なことをして授業を妨害する。担任の万葉《まんよう》先生が注意すると、激しく怒り教室を出て行く。そして四組に行って、昨年同じクラスだった子どもにちょっかいをだす。四組の先生はユーモアのある愉快な先生で、子どもの受けがいい。

「相手にするな」と合図する。五分ほど教室にいてぶつぶつ叫びながら、三組のドアを開ける。ここは業平くんの激しさを怖がっていて、誰も反応をしない。

「つまらない」、ドアをそのままにグランドに出て登り棒にしがみつく。四年になってこんな日が、もう夏だというのに五月の終わりから続いている。

「業平くんのことでクレームが来ているんだけど、いい方法はないかしら」

学年主任が問いかけた。

2 クラス分けの恨み

「次は体育です。服を着替えて・・・」万葉先生が声をかけたと同時に、靴下が飛んできた。

「何するんか。汚ねえ」投げつけられた男子がやり返す。心配をよそに、業平くんは喜んでいるように見える。この感覚が先生には理解できない。

体育館でも業平くんは好き勝手をした。みんなは跳び箱を跳んでいる。自分に応じた段数の跳び箱を選択し、挑戦する。満足すると次へ行くという仕組みで、並んでいる。子どもは順に助走しながら踏切板を「バーン」と両足で踏み切る。あの音は実に気持ちいい。ところが業平くんは、跳び箱とみんなが並んでいる間の、空いたスペースで寝ている。寝ながらゴロゴロ移動する。これでは助走が思いっきりできない。

「へへーん」得意げな顔で起き上がる。今度は跳び箱を移動するときに使用する滑車を持ち出して、跳び箱とみんなの間を走り回る。これは危険だとばかりに「業平くん、やめなさい」と、万葉先生が厳しく注意する。少しも聞かない。子どもは障害物競走のように器用に動く。

放課後、業平くんと万葉先生が向かい合っている。そこへ学年主任も加わり、

「どうしてみんなの邪魔ばかりするの。理由を教えてください。みんながあなたに何かしたかしら」万葉先生が珍しく責める口調になった。

「不満があるなら言った方がいいわよ」

学年主任が言葉をかけた。考えてみれば、不満を聞いたことはなかった。

「なんで、おれだけ・・・」非難めいた言葉が口から飛び出す。

「なるほど、どういう意味なの」主任がやや斜めに向かい合う。

業平くんには三年の頃一緒に暴れた仲間が四人いた。ふたりは四組に、もうふたりは三組にいる。そして自分だけが一組だと話した。教師の側からすれば、この五人組は前年散々に暴れ、授業崩壊の道を歩ませた中心人物だった。四年に上がるにあたり、五人を別れさせる学級編成にした。中心的存在の子が四組、先生と相性が良かったのか、急激に落ち着いた。

三組になったふたりはつられただけなのか、現在は目立たない。落ち着かないのは業平くんひとりだった。彼はどうしておれだけひとりなのか、クラス分けに対する恨みを語った。

「暴れる気持ちはわかった。だったら、しばらく個別に授業を受けてみませんか」

この機会にと、学年で相談していたことを持ち出した。

「いやだ、みんなと一緒がいい」

「でも、静かにできるかな」万葉先生がおそるおそる聞き返した。

「うん・・・できる」少し冷めた声で答えた。

「それじゃあ、約束よ」

3 算数ができる

二学期になっても業平くんは暴れていた。約束が守られる日など一日もない。

それでもこの学級にいたいと答える。もう数え切れないくらい約束は破られ、モヤモヤしていた。万葉先生は困り果て、学年教師も困っていた。苦情はいよいよ本格化した。管理職も話し合いに参加し、支援員さんがつけられたが、それですぐに変化が起きるとも思えなかった。そこで、支援の仕方を検討した。

この日も業平くんは教室で暴れ、グランドに飛び出した。支援員さんが検討会の相談をもとに、三メートルほど距離をとり、ついて歩く。鉄棒で前まわりを何回かして登り棒へ。てっぺんで空を眺め、大声を出す。グランドにあるマウンドへ行き、ボールを投げる。対応はこれでいいのか、校長は二人の様子を窓越しに見つめている。三〇、四〇分と過ぎたところで「業平くん、校長室へ来ませんか」、今度はソフトな声で誘いかける。

「しばらく話そうよ」

「いいよ。行ってやるよ」校長室へ消えていった。

こんなことを繰り返していると、やがて一つの形が出来上がった。ついて歩く、落ち着かせ話を聞くことを重視し、個別に対応することにした。聞き終わると国語や算数を行うことにして、支援員さんか校長が日に二回程度対応することになった。ようやく静かな日常生活が戻ってきた。

「確かに、きみは算数ができるね」業平くんは個別の支援教室へ来ていた。

「きみともう一人だけだよ。一〇〇点取った人は。すごいよ」

支援担当は右手でメガネを持ち上げた。

「本当にすごい？」業平くんは一緒に覗き込んだ。

「もちろん、二人しかいないんだよ」プリントを業平くんに向けた。

担当はどこまでも真剣そのものだった。業平くんはプリントの問題に、最後まで取り組み始めた。つい担当は、「五時間目は一時間頑張ろう」と欲を出した。業平くんは二五分くらい取り組んだが、さっと姿を消した。トイレに隠れている。それを見つけ、強引にさせようとした。ところが教室へ走って逃げ、クラスでただひとり関わってくれる仲良し、北斗《ほくと》くんに暴力を振るう。無視されると玄関へ走り、北斗くんの靴を投げた。

④ 父さんには心がない

万葉先生はこの日も放課後に、ふたりで一〇分間の学習をいつものようにした。

「なんで、あんなことをするの？」穏やかな声で聞いた。

「おれは何もしていない」さらりという。

「もうそれはいいわ。本当は、困っていることがあるんじゃないの。話してみて」

質問と口調を変えると、業平くんから怒りがふっと消えた。

「父さんには心がない」

「ええっ、心がない？」

「母さんには半分ある」

どういうことなのか、万葉先生は静かに息を吐いた。

「父さんからたたかれる。いじめられる・・・」

「お父さんから？　お母さんは知っているの」

「母さんは知らない。いないときにされる」

業平くんのうちは一昨年再婚した。業平くんはお母さんとともに、お父さんと家族になった。お母さんは業平くんのことは必ず私に連絡して、と話していた。一度だけお母さんが電話に出ず、お父さんにかけた。三〇分後に、

「どうして私に連絡してくれなかったのか。業平の係は私です」

感情が吹きこぼれたことがあった。

業平くんの話したことを遠慮がちにお母さんに確かめると、即座に否定された。電話を手に、万葉先生はにわかに自分の幼い頃を思い出し、胸がざわついた。同じように再婚を経験していた。父となる人にも子どもがいた。そして母との間にも子どもが生まれた。ずっと落ち着かな

かった。それで今も新しい家族とは馴染めない。故郷には帰りたくない。過去が戻ってきて、業平くんを特別大事にしてあげたい気持ちが込み上げた。

お母さんから電話がかかってきたのは、一週間以上たってからだった。

「この間の話ですが、先生からの電話でズキンと胸が痛みました。聞きたくない、見たくないものを見た気がして、何か壁が壊れました。よく見ているとありました。私から主人に強く言いました。もう大丈夫なはずです」

震えていた。聞く方も震えた。万葉先生はこの話を業平くんに伝えた。そして、ふたりでしばらく泣いた。

5 おれ、悪いことをしたみたい

業平くんの一日は、三時間目、四時間目と個別の学習を行い、他の時間は学級で過ごす。怒った時やトラブった時は、主に校長室へ行き話をじっくり聞いてもらい、落ち着いたら戻ってくる。放課後は万葉先生とふたり学習を一〇分行うという形にした。四年の他の担任も、一日に一回は温かい言葉をかけようと取り組んでいる。

一二月になった時、昼休みに業平くんが靴箱のところを行ったりきたり、ソワソワしていた。

「どうしたのかな」見つけた校長が部屋に誘った。

「おれ、きっと悪いことをしたみたいだ」

業平くんがそっとお茶を置いた。その声が、校長には頼もしく聞こえた。

給食後、北斗くんにちょっかいを出したが、相手にしてくれなかったそうだ。むかっとした業平くんは、北斗くんの机から下敷きを取り出した。それでも構ってくれない。とうとうハサミを取り出して、下敷きを切る真似をしたら、本当に切れた。すると北斗くんが先生に言い、業平くんはその場にいられず逃げ出した。

「切るはずじゃなかったんだ。おれ、心がバラバラだ。先生も許してくれない」

「業平くん、気持ちはわかるよ。解決方法は一つだけあるよ。やってみるかい」

「どんな方法？」

校長と業平くんは、秘密の練習に取り組んだ。この日の放課後、業平くんは自分から北斗くんに「ごめんなさい」と頭を下げた。

その様子を職員室で、万葉先生は身振り手振りで再現している。話し終えると万葉先生は、少し冷めた紅茶を口にした。ふんわりローズの香りが広がった。

解説

問題行動の背後にある傷つきと願いを読みとる

1　業平くんをどう理解するか

小三の時の業平くんの衝動的な行動にはＡＤＨＤなどの発達特性の問題も影響していたのではないか。そのためにじっとしていることができず、他の子どもたちと一緒に暴れることで「たいくつ」という大きな苦痛を流していた可能性が推測される。もしも三年時の担任の先生が業平くんや他の落ち着かない子どもたちの発達特性を適切に理解し、四年四組の先生のように、彼らが活躍できる活動を保障できていれば、彼らの発達特性が仲間集団の中での個性として発揮されていた可能性もあったのではないだろうか。

しかし、現実には業平くんたちの発達要求は理解されず、クラス替えでは五人グループの彼だけが一人のクラスに切り離されており、そのことが見捨てられ感と教師への不信感を増大させたことは想像に難くない。また、四組に入ったもう一人のボスの子どもは「愉快な先生」に学級活動の中でうまくエネルギーを発揮させてもらえて「荒れる」必要がなくなっていったことも余計に業平くんの見捨てられ感と恨みを助長したのかもしれない。

しかし、業平くんの問題行動を発達特性からのみ理解することは困難であろう。業平くんは母親の再婚相手から「たたかれる、いじめられる」暴力にさらされており、そのことも業平くんの荒れに影響していたことは想像に難くない。また、それ以前の、実父母が離婚する過程でも激しい両親間の葛藤に巻き込まれ、母親との関係でも業平くんは「見捨てられ感」を抱えていた可能性も否定できないのではないか。

ただし、「母さんには（心が）半分ある」と表現しており、義父とは違い、母親はある程度は業平くんの不安や寂しさを受けとめてくれるアタッチメント対象として機能していたことが推測される。

業平くんは周囲の友だちに関わってほしくてちょっかいを出し、しかし、それを無視されることで「見捨てられ感」が喚起され、それが怒りに変わって問題行動をエスカレートさせていた。業平くんのちょっかいなどの行動を「無視」することは過去の「見捨てられ体験」をフラッシュバックさせることになり、さらに悪い状況につながっていたと言えるのではないか。

ところで、万葉先生は、靴下を投げつけられた男子がやり返した時、業平くんは喜んでいるように見えたが、この感覚が理解できない、と語っている。しかし、業平くんの「見捨てられ感」の強さを考えると、「無視される」よりも「やり返される」方がよほどましなのは当然であろう。逆に言えば、この業平くんの感覚が理解できるようになることが、万葉先生が業平くんと出会い直すためには必要であったと考えられる。

2 業平くんへの支援の課題

発達特性に配慮した学習支援

学校はADHDの特性にも配慮し、個別に話を聴く時間を設けつつ、「一問が解けるとマルをつけ、別の問題を出す」というスモールステップでの支援を行っており、そのことで自信をつけた業平くんは二〇分から三〇分は学習に取り組めるように変化している。これは特別支援教育の中でもよく取り組まれているやり方であるが、このことで算数などの教科に関しては学力も伸び、そのことを評価されたことが業平くんの自己肯定感につながっていったのではないか。このようにその子どもの発達特性に合わせた個別支援が業平くんの学習意欲と自己肯定感につながり、学習持続時間の増加につながっていったと推測される。

傷つきの体験の聴きとり

業平くんの授業妨害に対する指導の際に、「不満があるなら言った方がいいわよ」という学年主任の言葉に「なんでおれだけ」と業平くんが言葉を漏らし、それを聞き逃さなかった学年主任が「どういう意味なの？」と尋ねたことで、四年時に仲間との関係を切り離されたことへの傷つきと教師への不信感が語られていく。業平くんがまずは学校での「見捨てられ体験（自分一人だけ違うクラスにされた）」を不満として語ることができ、それを学年主任と担任の先生に共感的に受けとめられたことが教師との出会い直しの契機になっていた。

さらに放課後、万葉先生と二人で学習している時間に、「何か困っていることがあるんじゃないの」と尋ねられたとき、業平くんは義父からの暴力を語り、それを万葉先生が自分の育ちの経験とも重ねて共感的に受けとめることができたことで、業平くんは自分の思いが先生にわかってもらえているという安心感と信頼感を育むことができたと考えられる。

そのような安心感に支えられて、業平くんは自らの過ちを認めて謝罪することができるようになったのではないか。謝罪するためには自分の非を認めても崩れないだけの自己肯定感と、謝罪した時に相手は自分を受け入れてくれるだろうという他者への信頼感が必要不可欠である。先生との関係で自分の傷つきの体験や思いを話し、その思いを受容してもらえたことがその重要な契機になったと考えられる。

ただし、業平くんの思いに寄り添う、という点で課題に感じる部分もあった。業平くんが北斗くんにちょっかいを出したが、相手にしてもらえず、むかっとした業平くんは北斗くんの机から下敷きを取り出したが、それでも構ってもらえなかった業平くんはハサミを取り出して下敷きを切ってしまう。

このことを業平くんは「切るはずじゃなかったんだ。おれ、心がバラバラだ」と悲痛な思いを吐露している。

業平くんが一番感情コントロールができなくなる場面、それは「見捨てられ感」を感じた時であることは既に指摘した。家族の中でも、学校の中でも「見捨てられ体験」をしてきた業平くんがこの北斗くんの「無視」によって激しい「見捨てられ感」が喚起され、自分でも意図しない行動をとってしまったことは半ば必然だったように思われる。このような業平くんの心の動きがわかれば、「北斗くんから相手にされなくて、とても悲しい思いになっちゃったのかな」いうように、その思いを丁寧に言語化して返していくことで、業平くんに「自分の気持ちがわかってもらえている」という安心感を届けることができたと考えられる。そして、このような受けとめを行った後に、どういう時に「見捨てられ感」のスウィッチが入って感情をコントロールできなくなるのかを理解できるように援助できれば、「心がバラバラだ」と思っていた自分の心の動きを業平くん自身が理解できたのではないか。その後に、今度、そうなった時にどうすればいいのかを一緒に考えていくことを通して、業平くんが上手に信頼できる他者に依存しながら自らの感情をコントロールする力を育むことができたのではないかと考えている。

仲間集団の中に居場所と出番を築ける指導を

今後の課題は、業平くんと仲間とのつながりをどう広げていくか、であろう。三年時に業平くんと同じように荒れの中心だった子どもは四組の「愉快な先生」のもとですっかり落ち着いたが、おそらくは彼の潜在的な力を発揮できる活動を通して、学級の中に居場所と出番が築かれたからであろう。そして、そこに業平くんに対する指導の大きなヒントが隠されている。現在、業平くんの仲間とのつながりは北斗くんら少数の友だちに限られているだけに、業平くんが活躍できる何らかの活動を媒介としつつ、仲間集団の中に居場所を築いていく取り組みが必要不可欠であろう。そのためにも業平くんの興味・関心やADHD的な発達特性を踏まえてどのような活動を通して彼が活躍できる場、そして他の子どもたちとつながれる場を築いていけるのかを今後、検討していく必要があると考えている。

3 母親への支援

母親もこれまでの成育史の中で、また、前の夫との離婚の過程での傷つきを抱えてきており、それだけに今度こそ平和な家庭を築きたいという切実な思いを抱いていたのではないか。そのことは、業平くんの問題を学校が義父に伝えた時の激しい抗議としても表現されており、母親がいかに義父に対して気遣いをする関係を生きているかが示唆されていた。また、それだけ強い思いを抱えているがゆえに、「今の夫が業平くんに暴力を振るっている」という事実に直面化することは母親にはとても苦しい課題だったと推測される。しかし、時間はかかったにしろ、それができたのは学校の先生や支援員が我が子の思いを受けとめようとしてくれているという信頼感がある程度生まれていたからではないか。その信頼感に支えられて、認めたくなかった現夫の業平くんへの虐待という事実に母親が向き合うことができたように感じられた。

このように、保護者が自らの傷つきや葛藤も語ることができることが教師との信頼関係を築き、子どもの「最善の利益」を一致点とした協働の基盤を作ることになるのではないか。これからも母親が自分の不安や葛藤も含めたありのままの思いを語り、困った時に「相談に乗ってほしい」と言える関係を維持していくことが重要であると考えている。

2章

発達障害の子どもたち〈その1〉小学校低学年

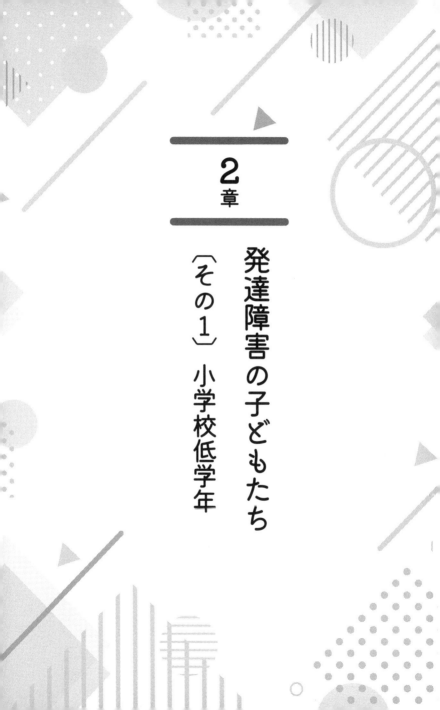

4 作る・ダンボール効果

小1男子

▼どんな子どもか▲

✓学校を飛び出す。
　ネコが好き、虫や魚が好き
✓連れもどそうとすると暴れる
✓父親は、オレも同じだったと語る

◈関わり方◈

✓だったら好きなことを取り入れよう
✓ダンボールを使い、教室に森や池を作る
✓ものづくり遊びで仲間を広げる

〈教えて〉
ダンボールの魅力

1 学校から飛び出す子

黒髪《くろかみ》先生は久しぶりに一年生を受け持った。江戸川《えどがわ》くんは落ち着かないどころか、学校から抜け出す。六月になっても七月になっても繰り返した。子ども園との引き継ぎでは、申し送りはひとつもなかった。

入学式、名探偵コナンのような蝶ネクタイをつけ、それが似合う子どもだった。五月になると江戸川くんが教室を飛び出す。飛び出すという表現がぴったりなくらい、ウサギのように勢いがある。学校の裏にある自然公園に行く。こんもりしたくぬぎ林があり築山がある。山の向こうは低くなり、小さな池にたどり着く。夏でも冷たい水が流れ、クレソンが育っている。

ここで散々遊んでいたが、三ヶ月もするとその先にある新興住宅街を見ながら遠出を続ける。江戸川くんは芝生を跳ねるバッタに目がいく。鯉に目がいく。ネコがいると追いかけてしまう。信号を気にかけないようで、路地を好きなように歩くから危険だった。

五月から一ヶ月は、抜け出した江戸川くんを黒髪先生は追いかけた。当初は自然散策園で夢中になり、一時間経っても戻らなかった。携帯で管理職に連絡を取ると、交代の職員がきてくれた。黒髪先生は精神的にはヘトヘトだったが、「自分の力が足りない」とは感じなかった。行き先が自然公園であり、相手の魅力が大きすぎるのだ。黒髪先生は力で飛び出しを阻止することをやめた。それで、教室で暴れることはなくなった。これはひとつのヒントになった。

五月の末に子ども園を訪ねると、何も問題はなかったと入学前と同様の答えが返ってきた。園は大きな学園都市にあり、自然林を敷地に持っていた。当時の担当が、江戸川くんはあの林で好きなように遊んでいた、と教えてくれた。クリを拾い、枝を集め、穴に入れていた林を案内してくれた。濃厚な緑の香りがした。彼にとって縄文生活は幸せだったらしい。

2 悲しむ母、難しい父

江戸川くんの飛び出しは危険だった。支援員さんが体を抑えようとすると大声で泣き叫ぶので、誘拐や不審者、虐待と疑われ、警察に通報された。すぐに支援員さんと教頭の二人体制での追跡中心に変えたが、これだといつまでもさまよう。

校長まで参加して、あの手この手で試みたが、実に動きが素早い。たまたま学校前のコンビニに買い物に来ていたお母さんが見て、

「すみません。ご迷惑をおかけします」何度もあやまり、涙を流した。

（あやまりすぎです）

黒髪先生がこんなふうに感じるのは、一五年前の火事からだ。父の住む家があっという間に

燃え、父を引き取ることにした。あれ以来、父はことあるごとにあやまり続けている。

「誰が悪いとかじゃない。どうしようもないことがあるもん。気にせんで」

本心から語りかけた。

二学期が始まって最初のオープン参観の際、お母さんは黒髪先生に、

「うちの子は普通学級では無理なのでしょうか」小声で頼ってきた。黒髪先生は即答を避け、

「まずは診断を受けてみたらどうですか。お父さんはどう考えているのでしょう」と気遣った。

お母さんはため息を軽くついた。「私から説明しましょうか」黒髪先生が切り出すと、「先生が話せばきっと大もめになります」今度も小声だったが、白い首を振った。

3 ダンボール遊びは大ヒット

江戸川くんの行動をなんとかしなければと思い、ダンボールを教室へ運んだ。子どもたちはダンボールをつないで電車を作った。江戸川くんはダンボールを使い、どんぐりを作った。あまりに本物そっくりで人気が出た。気を良くしたのか、キノコやバッタ、池も作った。そして釣竿を作った。すると銀之丞《ぎんのじょう》くんが「まるで釣り堀や。魚釣り屋を開きたい」と、ふたりでお店屋さんを開いた。

お客は銀之丞くんが連れてきた。ダンボールを使い、工作ができるとだんだん教室から出ていかなくなった。算数の教具もダンボールを使い、「お願いだからカブトムシを作って」と、依頼してみた。すると、小さなダンボールをさっと探して色を塗った。

「似てるわ～」まわりの子がほめる。

「いろんな色の車を作ってちょうだい」

計算で使う自動車の制作を頼むと、ハサミで切り取り、マジックで色を塗った。彼を授業に引き込み、出番をつくればいいんだ、思わず顔から笑みがこぼれた。制作物は授業が終わっても人気が高く、

「これをもらっていいか」と聞きに来る子どもが絶えない。銀之丞くんが、

「早い者勝ちじゃないぞ。一列に並べ、オレが注文をメモする」

予約を始めた。江戸川くんはこの忙しさに、外に出る暇はなくなった。

他の教科もダンボールを活用する場面を増やすと、江戸川くんだけでなく、学級の子どもたちが嬉しそうな顔をした。国語の時間に作文を書いていたら、破いてグジャグジャにしたので、

「これには宝のありかが書いてあった。元の文に再現してみよう」

千切れた紙を見せ、黒髪先生がみんなに呼びかけると、江戸川くんが笑い出し参加した。国語は宝のありかをテーマに、「秘密のなぞとき」と投げかけると興味を持つことがわかった。

4 お父さんに会ってしまった

一一月の終わり、江戸川くんが風邪をひいて休んだ。黒髪先生は上靴と給食エプロンを届けることにした。玄関の門扉を手前に引いて、二、三歩行くと、江戸川くんのお父さんが車を洗っていた。

（うわ、会いたくなかった・・・）一瞬そう思ったが、逃げられない。

「こんにちは、江戸川くんの担任の黒髪です」と頭を下げた。

「今日は欠席だったので、エプロンを持ってきました。江戸川くんになかなかうまく関われず、お父さんにも心配かけていると思います。何か、いいアドバイスがありましたら教えてください」考えてもいない言葉が口をついた。

お父さんはじろっと睨むと、車に水をかけていたホースを地面に置いた。

「おれも子どもの頃、あいつと同じやった。ずっと教室を抜け出して、外を走り回っていた。そしたら、先生がみんなで追いかけようと言い出して追いかけてきた。おれは怖くなってどんどん逃げた。バックネットに登った。誰かが登ってきて、おれの足を捕まえた。振り解いたら、そいつがネットから落ちて足を骨折した。あれから誰も追いかけてこん。それでいいんや。だけど、四年ぐらいやったか、転入生がきて、そいつもおれみたいに外が好きで、二人で飛び出していた。そのうち、今度は一緒に教室に行ってみようかという話になり、教室に戻った。あいつがいたから席に座れた。息子にもそういう時がいつか来る」

言葉は乱暴だが、どこかやさしさがある。黒髪先生は、

「だいたいいつ頃くるんでしょうか」と尋ねた。

「おれは四年やった」目尻に溜まった汗を拭いた。四年まで待てない。ただ、お父さんの話を参考にすれば、誰かとの出会いが必要だと考えた。銀之丞くんが頭に浮かんだ。

5 森の中の魚釣り屋

魚釣り屋さんで人気を得た二人は、「もっとすごいことがやりたい」と言い出した。

「ダンボールを使って、子ども園の頃に遊んだ林を再現したらどう?」

いきなり二人はダンボールを集め出した。教室の一角にダンボールの林ができ、以前作った池を持ってきた。森の魚釣り屋は人が途切れることなく、銀之丞くんがお客の面倒を見た。森の通貨も登場した。ダンボールの森は何度か災害を受けたが、その都度再建された。工事の協力がしたいと他の子たちも名乗りをあげ、教室にはいろいろな街がダンボールでできた。

街づくりの広報係は銀之丞くんが担当し、構想図面は江戸川くんが引いた。しかし、江戸川

くんが調子に乗り、勝手に制作を行い、銀之丞くんを軽視した。「絶対許さない」と銀之丞くんが腹を立て、自分の席に帰ってしまった。

「友だちにならないよ」と宣言され、どうしようと江戸川くんが相談に来た。初めてのことだった。

「どうしよう、どうしよう」

教卓のまわりを三周した。消しゴムをポケットから取り出した。むしろうとする。黒髪先生は、「言葉で言ってごらん」消しゴムを先生の手に取る。

「ぼく、いい気分で街を作っていたんだけど、銀之丞くんから許さないって言われ、だんだん嫌な気持ちが湧いてきて、最後は嫌な気持ちで一杯になった」

「先生にどうしてほしいの」

江戸川くんは目にいっぱい涙をためて、

「嫌だったー。なんとかしてくれ」

真顔で叫んだ。気持ちを言語化したのは初めてだった。先生は静かに消しゴムを返した。

黒髪先生は、今日もドラックストアに行く。あそこのダンボールが一番大きくてきれいで、子どもたちが喜ぶ。車を降りて歩き出した。

解説

子どもたちの発達に必要な生活世界を子どもたちと一緒に創造する

1　江戸川くんをどう理解するか？

江戸川くんは未診断だが、ＡＤＨＤの発達特性が感じられる子どもである。だから、興味があるものを見つけるとじっとしていることができず、衝動的に行動してしまう。だが、幼児期に通っていた子ども園は自然の中で子どもたちがのびのびと遊べる環境があり、江戸川くんがやりたい活動を思いっきりできていたため、特に問題は生じていなかった。

小学校に入り、机上中心の学習が多くなった。江戸川くんは学校の学習環境に「たいくつ」のあまり耐えられず、幼児期と同じように自然の中での活動を追い求めていったのはある意味では必然であった。

ちなみに、江戸川くんの発達特性には親からの遺伝の問題もあると推測され、江戸川くんのお父さんにもその傾向は顕著にみられた。江戸川くんの事例のように、保護者の発達特性が子どもに引き継がれている事例は決して少なくないことも視野に入れておく必要があると考えられる。

お父さんの学校に対する不信感には、お父さんの子ども時代に学校が発達特性を適切に理解した関わりをしてくれなかったことが大きく影響している。しかし、お父さんが四年生以降は落ち着いたと話されていたように、適切な関わりがあれば、ＡＤＨＤの多動性、衝動性は小学校高学年になると弱まることも少なくないとされている。その意味では、小学校低学年の時期に思いきり身体を動かせる活動、また、身体接触を伴うような遊びなどをたっぷり展開できる機会を保障しつつ、大脳新皮質の成熟を促進していくことが、結果として高学年における落ち着きにもつながっていくのではないだろうか。

2　支援の課題

発達障害の子どもの最大の苦痛は「たいくつ」であり、「たいくつ」している時に問題行動が頻発する。それだけに、子どもの安全は確保しつつ、あり余る発達のエネルギーを外在化できる活動をどう保障していくのかが大きな実践課題となってくる。

ここで素晴らしいのは、担任の黒髪先生が「自分の力が足りない」とみるのではなく、

「自然の魅力が大きすぎる」という受けとめ方ができたことである。これによって子どもを責めるのでもなく、自分を責めるのでもないかたちで実践の展望を切り開くことが可能になったと言えるのではないか。

黒髪先生は他の先生たちの協力も得つつ、江戸川くんの野外での活動の機会を保障し、さらにそれを屋内でのダンボールを使った魚釣り屋さん、ダンボールでの林づくり、街づくりの取り組みへと発展させており、そこでは森の通貨までが発行されていた。

このようにダンボールによるモノの制作にとどまらず、ストーリー性のあるごっこ遊びに実践を発展させたことが大きな成功をもたらしたと言えるのではないか。

通常の場合、ごっこ遊びは幼児期の発達を主導する活動と考えられてきたが、魚釣り屋さんや街づくりのような想像力と創造力を発揮できるストーリー性のあるごっこ遊びであれば、学童期の子どもたちの潜在的な力を十分に開花、展開できる活動となることをこの実践は物語っている。

このダンボールを使った活動で、江戸川くんは大活躍の場を与えられ、「外にでる暇がなくなった」とされている。問題行動を力で抑えるのではなく、子どもにとって魅力的な活動を創造していくことを通して「問題行動をする暇がなくなる」ことこそが理想なのである。

小学校低学年であれば、生活科の時間も活用しつつ、このような魅力的な活動を展開していくことがADHDの子どもだけでなく、他の子どもたちの発達にとっても大切であり、このような活動を媒介として仲間との連帯感も育まれていくのである。

江戸川くんが追い求めていた活動は、本来はすべての低学年の子どもたちに保障されるべき活動であろう。言い換えれば、問題なのは江戸川くんの行動ではなく、この時期の子どもたちの発達のエネルギーを豊かに発揮できる活動を保障できていない学校教育システムなのではないだろうか。

5

手紙・知床からの贈り物

小２男子

▼どんな子どもか▲

✓ずっとひとりごと、自分の世界
✓シングルフォーカス
✓さえぎれば激しい文句、態度
✓ただし、知床に強い興味がある

◈関わり方◈

✓授業も生活も興味からスタート
✓手紙を書く＝言語化する

〈教えて〉
こだわりの活かし方

1 ひとりごと、暴力を振るう子

ずっと一人で話している。黙っていられない。聞き耳を立てると、まわりを悪者にして、自分は正義の使者のようなストーリーだ。波が押し寄せるような調子で一日中続く。暴力とつぶやき、彼を真似る子で学級は乱れ、一年の頃からすでに三人が転出した。学校には才賀《さいが》くんのことでクレームがくる。直接才賀くんの保護者に連絡する人もいたが、両親は「担任が力量不足なんだ」と対立した。一年の担任は崩壊状態と保護者のクレームでメンタルを病んだ。

二年の加賀美《かがみ》先生も危機的状況だ。才賀くんは六月あたりから席につかない。教室のまわりをウロウロする。ふたりが行動を共にした。水曜日の読み聞かせではボランティアの方に、「お前が読むのは、おもしろくねえんだよ」暴言を吐く。支援員さんが注意すると「担任じゃないだろ」たたいたり、なぐったりした。ふたりの仲間と朝からベランダで遊んだ。

加賀美先生は管理職に助けを求め、個別な時間を設けたらどうだろうと話し合った。そして一日に一時間、問題を起こす国語の時間に通級に通わせることにした。才賀くんの保護者は、二人とも高校の教員で、特にお父さんがしつけに厳しい方だと聞いている。個別指導だなんて、と言わんばかりに難色を示した。けれど、「静かだからやってみたい」本人が希望した。まず試みで二ヶ月続け、再度話し合うことを条件に、一旦収まった。あとのふたりも同様だった。

2 金目鯛の燻製

通級では一〇分しか持たなかった。チャイムの前にやってくる。それはそれは張り切っていた。「ブロックしたい」、置き場所を心得ている。扉を開けて運んだ。立体感覚は優れている。担当の松風《まつかぜ》先生が、プリントを「もう一枚」と声をかけると、怒りだし暴れた。通級なので、押し付けるような勉強もいやだと先生は構えているし、才賀くんもそう思っている。でも、好きなことをするにしても、時間が残った。お母さんが見に来ると、真面目に取り組んだ。これだと実態を見せることができない。それでも普段学校で暴れるので、家庭へのクレームが増えたらしく、学校批判の勢いは九月になると減速していた。

九月下旬、才賀くんがプリントを取りに行く途中、後ろに貼っている地図の前で立ち止まった。「ここが知床か〜」指で抑えながらつぶやいた。そんなことが三回続いた。

「あのさ、知床に手紙を書いて詳しい地図を送ってもらうかい?」

松風先生が他に方法も見つからないので、才賀くんの世界に入ってみるしかないと諦め気味に声をかけた。

「知床に手紙?」

才賀くんがギリギリのところで興味をのぞかせた。松風先生が手紙のモデルを書くと、一生懸命に写した。手紙は一週間かけて完成し、仲間と一緒に校門で郵便屋さんを待って手渡した。しとしと雨が降る日だった。知床観光協会から返事が小包で届けられた。観光マップと鮭が入っており、かきモナカ、クマドーナツに金目鯛の燻製などがあった。

「これは高級魚だ。一万円くらいはするな」校長先生は釣り自慢を展開した。

「お礼の手紙を書かなくちゃね」松風先生の言葉に、才賀くんは珍しく素直に従った。放課後、才賀くんは小包を抱えて家に帰った。その丸まった背中が初めて可愛く見えた。次の日加賀美先生が、

「才賀くんのうちからお礼の手紙が届いたのよ。初めてだよ」

なんとなく職員室も弾んだ。

3 知床しかない

こうなったら知床で通してみるか。二学期のことを松風先生は考えていた。

「ねえ才賀くん、知床の特産品について調べてみない？」

「特産品？」

「そう、どんなものがあるのか。三人で調べてまとめようよ」

ワークシートをつくり、字を書く練習に誘い、絵も描くことにした。そして、観光マップに貼り付けた。一通り調べ終わると、

「特産品をつくってみたい」と言い出した。

「何を作りたいのかな」

「さけー、魚を作りたい」

興味の窓が開かれた。送られてきた鮭と同じ大きさを、画用紙を丸めてつくった。

「本物みたいだね。これは高いぞ」校長先生が、またお金に換算した。

「だったら、お店屋さんを開きたい」才賀くんの期待は膨らんだ。

松風先生はお店屋さんを学習の真ん中に据えれば、話し方や文字、計算を含んだいい学びができるかもしれない、と展開を考えた。

「わかった、お店屋さんをしよう」

才賀くんの希望に沿った。すると、才賀くんが初めて先生の手を持ってはしゃいだ。

四時ごろだった。担任の加賀美先生が、

「どんなふうに通級で学習をしているんですか」

三階の教室に上がってきた。

「こんな感じですよ。鮭一色です」

松風先生はぐるりと教室を見渡した。

「通級に行く時は、とっても嬉しそうに行くんです。でも、私の授業になると暴言が復活してくる。・・・どうしているのかなって、興味があってきました」

加賀美先生の表情は曇っている。

知床ごっこの日、加賀美先生はお客としてきてくれた。

「才賀社長、このさけ、おいくらですか」

「ああそれね、上等な魚だよ。六〇〇〇円」

「たかーい。まけてよ」加賀美先生は値切りながら買ってくれた。

面白いことに、この日を境に学級でも才賀くんは、加賀美先生に暴言を吐かなくなった。その理由を松風先生と考えてみると、関係ができたからではないか、にたどり着く。そして関係の作り方は、才賀くんの興味や希望をまず尊重することだと思った。

4 満足すると次へ進む

一〇月に入り、二週目の月曜日、学校に来るなり玄関先で、

「先生、竿がほしい。竹か棒をくれ」

しゃがみ込んだ。きっと登校途中で魚を見たか、土日に魚釣りに行ったんだなと加賀美先生は思い、ひまわりの支柱を渡した。

次の週は、「家を作りたい、クマを入れる家を作りたい」駄々をこねる。松風先生と相談して、通級でやってもらうことにした。発泡スチロールや板を集め、ダンボールで壁を作る。二週間以上かかる大仕事だった。毎日一時間ほど家づくりに取り組むと、「満足した」と学級に入っていき、急速に落ち着いた。

ダンボールハウスは三人の家になった。朝来ると荷物を置く。好きな本とブロックを入れた。体を寄せて気ままに過ごす。たまに顔を出し、「いま何時？」と尋ねる。くっつきすぎるので、すぐにもめた。すると、狭いハウスは右に左に揺れる。そして倒れた。ぺしゃんこになると「お前が悪い」と責め合い、さらにハウスはボコボコになった。崩壊した家に乗って、三人はぴょんぴょん跳ねた。跳ねていると大声で笑う。この様子が妙に幼く見えた。

そこで、松風先生は理科専科の先生を連れてきて、毎日ぴょんぴょんタイムを設けることにした。さらに先生と相談して、くすぐり大会、大根抜きゲーム、ゆらゆら揺さぶり大会と体を刺激する遊びを入れていった。三人はまるで幼児のような声で喜び、途端に態度が落ち着いた。その上、理科の時間にも教室へ行くようになった。

5 ぼく、母さんが好き

クリスマスまであと一ヶ月になると、ダンボールハウスには煙突が作られた。「あと二枚、プリントしたらハウスで遊んでいいよ」松風先生が励ました。二人はさっさと仕上げて、ブロックを始めた。けれども才賀くんの鉛筆は動かない。

「はあ・・・」

「ため息、もう四度目ですよ。何かありましたか」

「知床の北方民族資料館に行きたいって、母さんに頼んだら、無理だって怒られた」

「北方民族資料館？」松風先生が繰り返す。

「そう、黒潮に乗って丸太船が知床にたどり着いたんだって。見たいなあ、乗りたいなあ」

才賀くんの視線は定まらない。

「知床は遠いでしょ」

「だからダメだって。それで腹立ててコップを投げたら、冷蔵庫がへこんだ。母さんがものすごく怒って、もう母さんを辞めるって」小さな体をすくめている。

「へえ、お母さんを辞めるって。どう思ったの？」松風先生は興味深かった。

「さみしいなあ・・・」天井を見上げた。

「放っておけ、そのうち機嫌がなおる」ハウスのふたりが、憎まれ口をたたく。

「ぼく、母さん好き。生まれ変わっても、母さんの子どもがいいなあ」

才賀くんはうっとりと目を閉じる。

「母さんにその気持ちを伝えたの？　才賀くんの気持ちを伝えようよ」

お母さんに宛てた手紙作戦がスタートした。

「あのな、手紙と一緒にお前が丸太船を漕いでいる絵も入れたらどうか」

「北海道のソーラン節踊った写真も入れよう」仲間も手紙作戦を援助した。

二週間後、学習発表会が終わった。お父さんとお母さんがやってきて、加賀美先生と松風先生に知床の水を一箱くれた。

「これは、もしかしてお礼の意味？」

「そうかなあ、・・・気合いでしょう」

加賀美先生がペットボトルを取り出した。

解説

ASDの子どものこだわりから豊かな活動と学びを創造する

1　才賀くんをどう理解するか？

ASDの子どものこだわりの強さ

才賀くんは小一の六月頃から授業中も席につかずにうろうろし、他の二人の子どもと自分の好きなように行動し、学級崩壊の原因にもなっていた。才賀くんには多動性、衝動性が顕著にみられたが、「いつもずっと一人で話している」「まわりを悪者にして、自分は正義の使者のようなストーリーを作成する」という一方向的コミュニケーション、「お前が読むのはおもしろくねえんだよ」と相手の気持ちに全く配慮しない言い回し、などから考えると、ADHDだけでなく、ASDの傾向も感じられる子どもである。

ASDの子どもは他の子どもとは異なることに過度の興味・関心を持つことが少なくない。しかし、その興味・関心やこだわりを受けとめて一緒に活動していくことで、他の子どもとのつながりを作ること、さらにはその活動を媒介とした仲間とのつながりに発展させることができる場合もある。

ちなみに、この事例では高校教諭の両親は我が子の発達特性を受け入れることを拒否しており、才賀くんに関する共通理解が築けず、保護者との連携が著しく困難であった。憶測の域は出ないが、もしかすると高校教員の父親にも同じ発達特性があり、そのことが我が子の発達特性を受け入れることの困難さや、担任の指導力に対する批判につながっていた可能性も推測される。

2 支援の課題

通級指導教室の松風先生は「他に方法も見つからないので、才賀くんの路線に入ってみるしかない」という、いい意味での「諦め」のもと、才賀くんの知床に対する興味・関心をうまく受けとめて知床への手紙の取り組み、さらには知床をテーマにした「お店屋さんごっこ」へと実践を発展させている。さらに「クマを入れる家を作りたい」という才賀くんの願いを受け入れ、他の通級の子どもたちと、発泡スチロールや板、ダンボールを使って家を二週間がかりで制作している。このようなダイナミックな活動機会を保障されたことが才賀くんが教室での学習に参加する大きな契機になったと考えられる。このように通級指導教室では、才賀くんの興味・関心、こだわりを活かしつつ、豊かな活動を創造していた。

さらに松風先生は理科専科の先生の協力を得て、「くすぐり大会」「大根抜きゲーム」「ゆらゆら揺さぶり大会」などの遊びに取り組み、才賀くんたちは「まるで幼児のような声で」喜び、参加したと書かれている。この三人は生活年齢は小学生だが、社会性の発達年齢は幼児期であり、実際にこれらの幼児期の遊びの世界を保障することが大切な発達段階であったと言えるのではないだろうか。

また、この身体接触を伴う遊びは大脳新皮質の覚醒水準を高める活動でもあり、じゃれつき遊びや鬼ごっこなどの身体接触を伴う遊びが大脳前頭葉の機能的成熟に重要であることは前著（楠・丹野　二〇二二）の理論編でも指摘した。その意味でも、身体接触を伴うこれらの遊びの活動を豊富に取り入れることが才賀くんのようなＡＤＨＤの発達特性を有する子どもたちのセルフコントロール力を高めるうえでも有意義な活動であり、実際、才賀くんたちの授業中の態度は落ち着き、理科の時間にも参加できるようになっている。

ところで、神経・筋コントロール能力の発達の研究では、平衡感覚、身体の位置感覚、運動感覚に関する深部感覚などが一〇歳までに急激に発達していくことが指摘されており、小学校低学年の時期は一つのスポーツの反復練習ではなく、多種多様なトレーニング、スポーツにつながるような遊びを通した基本的な動きの獲得が重要であること、その中で、九・一〇歳頃から運動衝動が消え、身体の動きをコントロールする力が高まることも指摘されている。(日本体育協会　二〇〇五　一二四頁)

その意味では低学年において、多様な身体的な動きがある遊びの活動を保障することはADHDの子どもだけでなく、すべての子どもたちの「運動衝動」を減衰させ、身体の動きのコントロール力を高めるためにも必要なものであると考えられる。

ところで、この活動に担任の先生も参加したことで担任に対する反発も減少していたのはなぜなのだろうか。

筆者は子どもが先生を信頼する条件には大きく二つあると考えている。一つは自分の思いや願いを聴き取り、わかろうとしてくれる先生であること、もう一つは自分たちの発達(すなわち、潜在的な力や可能性が開花・展開していくプロセス)に必要な活動を一緒に作ろうとしてくれる先生であること、である。その意味では子どもたちの発達に必要な活動に一緒に参加したことが担任の先生との信頼関係の形成に一役買ったと言えるのではないだろうか。

さらに言えば、そのようにして我が子が生き生きと活動している姿、学級の中で活躍する姿を実践的に提起できることが保護者との信頼関係づくりにもつながっていくと考えている。

6 受けとめる・五分間トーク

小2女子

▼どんな子どもか▲

✓「せんせい、せんせい」
✓授業中も休み時間も関係ない。話が止まらない
✓待ってと答えると怒鳴る、泣く
✓受容するしかない？

◈関わり方◈

✓「五分間あなたタイム」をつくる
✓すると待てた！　来るのが減った！

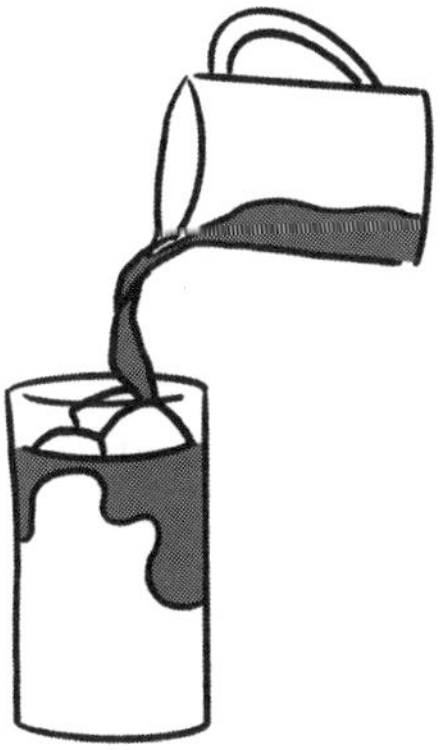

〈教えて〉

「五分間」の意義

1 いつでもしゃべる子

「カオル先生、なんだかいい方向に行きそうです」

由紀《ゆき》先生がコーヒーにミルクを注いだ。カオル先生は椅子を回転させると向かい合った。

「ありがとう、いただくわ。何がいい方向に進んでるの」

「花《はな》ちゃんのおしゃべりです」

ふたりは職員室の後ろにある談話スペースへ移動した。談話スペースとは、長机を二つ繋いだお菓子やお茶飲みコーナーのことだ。

花ちゃんは二年一組に在籍するおしゃべりな子。いつでもしゃべり、遮られると途端に興奮し怒鳴る。立ち上がり、指差して叫ぶ、罵倒する。最も困るのは授業場面だった。子どもたちに由紀先生が説明している。それなのに、前にチョコチョコと出てきて「せんせい、せんせい、あのね」お腹のあたりを触る。

「今、大事なところだから待ってね」

「いやだ、待てない」と怒りだす。こうなると授業は中断される。

「それで、どんな変化があったの?」、カオル先生はカップを水ですすぐ。

「今日も裸足で教室にいた。寒いから靴下と上靴を履こうねって声をかけると、靴下が濡れた、とポケットから取り出した。濡れているなら干した方がいいわよって教えると、どうしたと思う」由紀先生は心配をよそにクイズにする。

「わからないわよ。興味あるー」カオル先生が両手を広げた。

「外は雨だったでしょ。なのに外に靴下を干したの」

「へえ・・・雨が目に入らないんだ」

「しかも濡れたベランダへ、裸足で平気な顔して歩いて、雨の降っている外に靴下を自分も濡れながら干した。これも特性かなって思うと、心が広くなりました」

「行動が理解できるといいわ。だけど由紀さんは、実に面白い場面に出くわす人ね」

由紀先生の顔を見た。「次はこうしましょうか」、ふたりはちょっとの間、額を寄せ合った。

2 子どもの流れをとめない

歯磨きの音がしていた。

「花ちゃん、ブクブクうがいもしてね」由紀先生が声をかけた途端、吐き出した。そして、歯ブラシを投げつけた。この日は荒れていた。教室にもいこいの広場をマットとソファで作った。小さなコーナーだが、そこへ連れて行き、

「ごめんね、先生が悪かったよ。自分で歯磨きしたかったんだよね。気がすむだけしていいからね」

二回、三回とあやまった。花ちゃんは一定時間暴れ泣くと、何事もなかったように静まる。掃除タイムには、落ちていた輪ゴムを拾ったリコちゃんを追いかけて、ほうきでたたいた。ものすごい声で叫ぶ。思い通りにならないと泣き出す。由紀先生はあわてて教卓に入れてある物を取り出して、花ちゃんに渡した。花ちゃんはタオルを持つと落ち着く。握りしめ、顔をうずめ、立ったまま泣いている。その背中をトントンしながら、

「いこいの広場で泣こうね。好きなだけ泣いていいからね」

軽く押しながら移動した。小さくうなずいた。

「悔しかったんだよね。わけがあるんだよね」

「私が、ほうきだった」

「うん、そうだよ。ほうきだったね」

「リコちゃんが輪ゴムを取った」

「輪ゴムを取ったの？」

「そう、取って邪魔した。私が取るつもりだった」

由紀先生は合点がいった。これなら、つじつまが合う。

3 三回待つ、猶予をつくる

「そろそろノートに書こうね。三回まで待つよ。三回までだよ」

由紀先生は歩きながら、みんなにテンポよく声をかける。花ちゃんとの関係はずいぶん改善された。授業中はまだまだ勝手に話すが、いらだつといこいの広場に自分から入るようになった。広場も外から見えないようにダンボールとボードで部屋にした。

「ばしゃーん」、突然花ちゃんがノートを床に投げつけた。由紀先生は腰をかがめて拾う。

「何があったのかな。怒ってるのかな。怒ってる?」

「おこってない!」

「怒ってるよ、それを怒っているっていうんだよ」

「うるさい!」

こんな関わり方をした。しかし、一方的なおしゃべりは減らなかった。

夏休み前になると、三回猶予を持たせる約束は花ちゃんだけでなく、他の子にも同様に適用した。するとリコちゃんが、

「先生、できるんだから三回もいらない。これからは一回でいいんじゃないの」

首をかしげた。これを議題にして話し合った。案の定、猶予は必要だとなった。みんなも花

ちゃんと同じ気持ちを持っている。由紀先生の胸に広がった。

忘れもしない、夏休み前の学校アンケートでは、複数の家庭から「花ちゃんのひとりごと、授業中のせんせいといつでもおしゃべりしだすのがうるさい」と書かれていた。

「今ここで花ちゃんにクレーム言う？　意味がわからない。花ちゃんの一学期の成長と、由紀先生の工夫をほめるべきじゃないの。それをまあ・・・」

カオル先生がぶっきらぼうな表現をした。

「確かに、その通り。一緒に怒ろう」

三年の先生も机にバーンと物を置いて、お茶飲みコーナーに座った。こっちも何かあったのだ。二学期に向けた対策会議が始まった。

4 五分間トーク

うんざりするほど暑かった。由紀先生は花ちゃんの後ろ姿を見つめた。汗が粒になって流れた。エアコンは八月末の台風で故障したままだ。もう二週間になる。今日も花ちゃんは、

「せんせい、せんせい・・・」と、場面構わずやってくる。我慢というものがない。

「さようならのあとで、五分間じっくり聞くからね。それでどうかな」

試しに提案した。

「うん、それならいい」

意外なことに、花ちゃんが納得して席に戻った。

（どういうことだろう）後ろ姿を見ながら疑った。

さようならが終わると、花ちゃんは由紀先生のところに毎日やってくる。

「せんせい昨日ね、うちの弟が花のおやつをかくしたのよ。そのお菓子を自分の保育園のバックに入れて、こっそり食べようとした。それを花は見つけたの。えらいでしょう」

「すごい、名探偵だね。見つけられた弟は、がっかりしたでしょう」

「バレたか、だって。バレるわよ」

ピピッ、ピピッ。ピー。

「はい五分だよ。ここまででいいかな」

花ちゃんは、あっさりとランドセルを背負い帰っていく。

「おっ、やってますね」

ハッとして振り向くと、廊下からカオル先生が近づいてきた。

「五分間トークは二週目もいい感じです。この時間があるよっていうと、彼女は忘れてたって笑いながら席に戻るんですよ。おしゃべりが極端に減りました」

「なるほどね。由紀先生を独り占めできる時間があることで安心したのかな。このまま続けてね」

次の週、水曜日に花ちゃんは、

「せんせい、今日は話すことがないの。その代わり、花の踊りを見てね」

運動会のダンスをCDに合わせて踊った。由紀先生は、

（わざわざダンスを見せたいのか）不思議な気分に浸りながら、「なかなかうまいですね。パチパチパチ」と拍手を送った。

「せんせい、あのね。ここのところがむずかしいのよ」

花ちゃんは両手を肩の高さと並行にして、細い右足を前に出した。

「こう？」先生も立ち上がって足を開いた。人から見られると恥ずかしい。

「せんせい、ごめんね。明日は放課後残れないの。マサくんと一緒に帰る約束しちゃった」

「えっ・・・そうなの。うーん、がまんする。花ちゃんの幸せのためね」

先生は精一杯演技をして、花ちゃんを靴箱まで送った。

職員室でカオル先生に伝えた。カオル先生が窓ガラス越しに花ちゃんを見ながら、

「五分間トークはますますおもしろくなってきたわ。どんな終わりが待っているのかしら」

コーヒーカップを持って立ち上がった。ふたりはいつもの場所へ移動した。

解説

「五分間」の意義を考える

1　花ちゃんをどう理解するのか

花ちゃんは自分の興味・関心があることになると、相手の気持ちやその場の状況と関係なく一方的に話し続けている。あるいは少し自分の意図を邪魔されたと感じると、その不快感情を抱え込めずに一気に暴れる行動につながっていた。また、自分が話したいと思うと、「大事なところだから待っててね」と言われても衝動を抑えられず、「いやだ、待てない」と怒り出してしまうため、周りの子どもや保護者からは「授業妨害」と受けとめられていた。

また、「心の理論」の障害もあり、相手の意図や感情が読み取れないため、落ちていたゴムを拾っただけのリコちゃんに対して「自分のゴムを取られた」と解釈して怒ってほうきで叩くなど、仲間集団でのトラブルも絶えなかった。このように花ちゃんにはADHD、ASDの特性が明確にみられたが、未診断であった。

ちなみに、花ちゃんはタオルを持つと落ち着いているが、これは事例2で述べた「移行対象」であったと考えられる。タオルやぬいぐるみが三歳頃の子どもが強く求める「移行対象」であることを考えると、花ちゃんは自我・社会性の発達段階という点ではまだ幼児期の段階にあると言えるのかもしれない。

2 支援の課題

アタッチメント対象になることの大切さ

由紀先生は、花ちゃんが大きな声で泣きたい時にはダンボールで仕切られた「いこいの広場」に入ってクールダウンできる場所を作ったり、「心の杖」となるタオルの保持を認めたり、「何があったのかな。怒っているのかな」と花ちゃんの感情を読み取って言語化するなどの支援を丁寧に行っている。

このような取り組みによって、由紀先生は花ちゃんが困った時に助けてもらえるアタッチメント対象として機能できるようになり、花ちゃんが信頼できる先生を支えにしながら少しずつ感情コントロールの力を獲得していくことも可能になっていったと言えるのではないか。

「五分間」の持つ意味

この実践でとりわけ大きな意義があったのが「五分間」である。

この「五分間」はアメリカの臨床家のドノヴァンら（二〇〇〇）が提起したものであり、どんな子どもであっても養育者が毎日、五分間、真剣に話を聴いていくと子どもに大きな精神的な安定をもたらす、というものである。

ここではドノヴァンの提起について紹介したい。

ドノヴァンは、「自分の感情が純粋に理解されるという体験は非常に力強くて治療的であり、これに類する体験は他にはそうないだろう」と述べ、「五分間」の意義を強調している。ドノヴァンは「五分間」の取り組みは、はっきりした構造を持っており、時間制限的であること、その目的は、反抗的な行動、受動－攻撃的行動、あるいは自己攻撃的な行動を内容豊かな相互作用に置き換えるのを援助することにあると指摘している。

ドノヴァンはこのプロセスを促進するためのルールと定義を以下のように整理している。

1．この時間はプライベートな時間であり、絶対に邪魔されないこと。

2．この「五分間」を「一緒に雑用をしながら」などのように他の活動と一緒にやらないこと。

3．不可能な状況でない限り、「五分間」は毎日行わなければならない。「五分間」を儀式的に繰り返し行うことが強力な意味を持っている。
4．その時間に子どもに説明したり、言い訳したり、あるいは別の見方を提案したりすることなく聞くことが重要である。

ドノヴァンは、「五分間」のプロセスを促進するためには、①説明しない　②弁解しない　③別の見方を提案しない、の三つを守るべきとしている。

なぜなら、説明するという行為、別の見方を提案することはシンプルかつ非常に強力に、「子どもが間違っている」と指摘することになるからであり、その結果、子どもには強いフラストレーションが生じることになるからである。

ドノヴァンは、「五分間」を子どもの問題行動に悩む親（里親を含む）による取り組みとして提起しているが、これは学校の教員が子どもと関わるときにも活用できるものであろう。毎日続けることは大変であるが、しかし「五分間」という限定があれば、覚悟があれば何とか継続することは可能であろう。

実際、花ちゃんの場合も、担任の先生が「五分間」の時間を作り、花ちゃんに誰にも邪魔されることなく真剣に話を聴いてもらえる体験を保障することが、花ちゃんがその見通しに支えられて「今すぐ話したい」という気持ちをコントロールする力につながっていた。

さらに、この「五分間」の取り組みを通して先生が花ちゃんのアタッチメント対象になり、学校の中に花ちゃんの心理的な安心基地が作られたことが、そこを拠点として花ちゃんが仲間集団とつながっていく力にもなったように思われる。このようにして次第に仲間集団の中に心理的な居場所ができてくれば、「五分間」の取り組みのミッションも完了するのかもしれない。

ちなみに、通常の場合、五歳半頃に「文脈形成力」が育まれてくることは理論編でも指摘している。（理論編二一二―二一三頁）

この文脈形成力は、読み書きを学習した時に文章を綴る力、また、文字で書かれた文章を理解できる国語力の発達的基盤でもある。したがって、五分間真剣に話を聴き取っていくことは子どもの心の安定と同時に、国語力の基礎としての文脈形成力を育むものにもなると考えている。

なお、今回は教員の取り組みであったが、子どもとの関係に悩んでいる保護者に対して、この「五分間」を提案すること（その際には、説明しない、弁解しない、別の見方を提案しないことはきっちりと伝えておく必要がある）も有効な保護者支援の取り組みになると考えている。

3章

発達障害の子どもたち〈その2〉小学校高学年以降

7 おびえる・影が攻撃してくる

小4女子

▼どんな子どもか▲
✓いつも耳をふさいでいる、フードをかぶる
✓影が攻撃してくると泣き叫ぶ
✓固まって動かない

◈関わり方◈
✓一緒に影をやっつけよう
✓影を絵に描いてみよう、粘土で作ろう
✓先生も戦うよと誘う

〈教えて〉
影ってなんなの？

1　暗闇の誰かが攻撃してくる

ベランダ側の扉が開くと、音唯《おとい》さんが入ってきた。いつも遅れてくる。学級では四年生の七人が道徳のテキストを目で追っている。ドアがガタガタと鳴った。音唯さんが立ち上がり、ぴしゃりと閉まるまで何度も何度も繰り返したが、だれも反応しなかった。

「六時間目は全校でエイサーの練習です。グランドで練習をします。しっかりやってね」

七雲《ななくも》先生が励ました。

七雲先生はグランドと校舎の間にある木陰に腰掛けて、音唯さんを見ている。一〇月末に行われる運動会の準備で、テントが整備された。中央のテントに全校八〇名ほどの子どもが集まり、話を聞いている。説明が終わると各自がグランドに散らばった。

「うえーん」

子どもっぽい大きな泣き声が響いてきた。水色のワンピース、フードをかぶっている音唯さんが地団駄を踏んでいる。パーランクルを地面に投げ、バチを捨てた。

「やりたくない」とばかりに泣いている。

できない、見通しが持てないと固まる。急に歩き出し、支援員さんが小走りに追いかける。

「太鼓を打ちたかったの？　悔しかったんだね」

内面を言語化するような問い方がいい、と七雲先生と支援員さんは打ち合わせ、実行していた。音唯さんは泣き続けている。

一学期、学校は嫌い、もう帰りたいと何度も叫んだ。ちなみに出て行こうとするのを妨げるとものを投げる。目の前の人を倒そうとした。最も被害を受けたのは、春から転入してきた香港生まれのリンシンさん。同じ四年生だが、小柄な子でおとなしい。音唯さんはストレスが溜まるとこの子を攻撃した。そこで、つかず、離れず、ついて歩くよう方針を変えることにした。

2 頭の中に住む黒い影

子どもたちは服を着替え、遊ぶ約束を交わしながら帰ろうとしている。しかし、音唯さんは今も教室の真ん中に立ちすくんでいた。七雲先生がやって来ると、二言、三言訴えるような仕草を見せ、「わかるよ、わかるよ」先生が受け入れながら背中をさすると、「頭の中にいる誰かがなぐってくる。だから戦っている」首を何度も振る。足をバタバタする。

「よし、先生が一緒に戦うよ。どんな人?」

「それがわからない。背を向ける。黒い影」

自分の頭をたたきそうになる。一〇分ほどして、ようやく靴箱へ動いた。

七雲先生はひとりになった。音唯さんの話す「誰かが攻撃してくる」とは、本当なのだろうか。ずっと若い頃、車で一家心中を図り、生き残った子を受け持ったことがある。その子は全く話さなかったが、新採用の七雲先生だけは、その子と意思疎通が図れた。教師臭くなかったからだと思う。音唯さんにも過去の引っ掛かりがあるのだろうか。それとも特性だろうか。

音唯さんは家庭の事情で、小学校入学と同時に引っ越してきた。離婚したのか、死別したのか、ライフヒストリーを知りたいとは思うが、なかなか聞けない。だがお父さんが事業に失敗し、アルコール依存症になり、それが引き金になったと噂で聞いた。ここは小さな学校だが、親が自死した家庭や事故で亡くした子、ＤＶを受け、逃げてきた子などが数名いる。社会の縮図だ。

彼女はお母さんとふたり暮らし。近くに住むおじいちゃんはゴルフ場を経営している。厳格な人だと地域では有名だ。入学してすぐに、自分の席にじっと座ることがなく、立ち歩く、動き回る。国語や算数は苦手。それでも低学年では教室から出なかった。三年になるとテレビを見過ぎるからと、お母さんにリモコンを取り上げられ、朝から靴箱で暴れた。図工で使う色えんぴつが気になり、登校したらすぐにえんぴつを削り始めた。

「国語の準備をしようね」と誘っても、全てを削るまではやめなかった。だんだん注意されることが増えたためか、登校を渋り、車で送ってもらうこともあった。

「早く行きなさい」

お母さんが引っ張り降ろそうとする。たまにばあちゃんやじいちゃんが乗せてきて、同じことをした。支援学級には抵抗があり、学校への呼び出しも、その必要はないと受け入れない。これは主におじいちゃんだと聞いている。

低学年の担任も困っている、助けてとは表明できなかった。三年の担任は学級経営の上手い教師として町内で評判が高かった。いわゆる、ビシーッとしたクラスづくりをした。だから自分がダメな教師と思われそうで、助けを求めることができなかった、と後で話してくれた。

だが、音唯さんが校舎内を歩く姿を教務の担当が見つけ、たびたび教室へ連れてきてくれた。「先生、困っているのではないですか」教務の先生が心配した。担任は初めて、「実は、そうなんです。もう・・・休みたい」と落胆の声を漏らした。そこから体制を練った。そして当時、音楽専科だった七雲さんが音唯さんの支援役として関わることになった。そのまま今年は七雲さんが担任している。

3 子どもたちの疑問

日差しは幾分柔らかくなった。音唯さんが体育館の入り口で、床が歪んでいる、体育館が傾いている、入りたくないと騒ぎ出した。誰かが誘いかけると文句の言葉を口にして暴れた。リンシンさんが通りかかると蹴ろうとした。それを止められてパニックがひどくなる。音唯さんはくるりと背中を向けて、支援員さんと体育館から遠ざかった。

七雲先生が「みなさん、座ってください。大丈夫だったかな」と確認した。リンシンさんが「音唯さんは、どうして目がキョロキョロしているのか」と、カタコトの日本語で聞いてきた。

「どうして、いつも体を動かしているの」

「なぜ、ぶつぶつ叫ぶのですか」

「怒鳴り出して暴れるのは、私たちが嫌いなの」

当たり前の疑問がなんだか新鮮だった。七雲先生は沈黙した。

「・・・聞いたら、いけなかったんですか、先生？」子どもたちが戸惑った。

「いいや、そんなことを考えていたんだと思って・・・驚いた」発達障害の特性について、近いうちに学習の場を設けよう。それがいい、と考えた。

4 一緒に戦おう

音唯さんは英語ルームにいた。ここの窓側に仕切り板で囲った小さな部屋がある。パニックを起こし、自分から英語ルームへ移動すると音唯さんはしばらく立ち止まった。支援員さんが

「小部屋に入ろうか」と誘っても動かず、「誰かが私を攻撃してくる」と叫んで、フードを深くかぶり、いつものように足を動かした。一〇分ぐらい、ぶつぶつつぶやいたあと入った。そして、棚に置いてある雷鳥のぬいぐるみをギュッと抱きしめ、椅子にちょこんと座った。椅子を前後にブランコのように揺らし続けた。この振動が心地いいらしかった。

一学期の終わり、ここに小部屋を作り、クールダウンに使おうと考えた。そして音唯さんの好きな図工を生かして、自由にイラストを描いてもらい、ペタペタと板に貼り付けた。それ以降は何かあると自分からやってくるようになった。九月まではパニックを起こすと貼り付けたイラストをえんぴつでブスブスと刺す、真っ黒にすることが多かったが、今は椅子を揺らしている。そこへ七雲先生がやってきた。

目も合わない。うなりながら体を前後している。ぬいぐるみは胸に抱えたままだ。

「雷鳥さんのお顔が見たいな」

「攻撃してくる。頭の中の誰かが攻めてくる・・・」

青白い表情がフードの下から見えた。

「どんな顔をしているの」

「わからない、真っ黒。後ろ姿しか見えない」

「だったら先生も一緒に戦うわ。相手をこの紙に描いて」

「ああ、攻撃してくるー」

「よし、一緒に戦おう。立って、ほら」

七雲先生は空手の構えをし、腰を落とした。

「シュッ・・・」

ひと蹴り音がした。

「さあ音唯さん、あなたも」

ふたりの戦いは始まった。ともに戦うだけでなく、影を明らかにしたいと七雲先生は考えた。音唯さんは後ろ姿だけど、うっすらとした線で描くことができるようになった。影は何を表しているのだろう。そのうち彼女が好きな図工を生かして、粘土で影を製作したい。ダンボールで影を立体的に作ろうと見通しは持っている。

「今度、影が出てきたらどうする」七雲先生は身体を向けた。音唯さんは首を振っている。

「言ってみて。言葉にしてください」

「先生を呼んでくる。倒してもらう」

「約束よ・・・」

内心、不安もある。真っ黒な空に手を伸ばす気持ちで、先生は音唯さんの肩を寄せた。

解説

どうすれば音唯さんに安全感を届けられるのだろうか？

1 音唯さんの問題をどう理解するのか？

音唯さんにはＡＳＤの発達特性から来る生きづらさは確かに感じられる。それは「ドアがぴしゃりと閉まるまで何度も何度も閉め直す」というこだわりの強さ、「見通し」が持てない状況で固まってしまう、すべての鉛筆が削り終わるまで次の行動に移れない、などの行動として顕著に現れていた。

しかし、それだけでは「頭の中の誰かが攻撃してくる」という言葉で表現されているような音唯さんの外界に対する大きな恐怖感は説明がつかないのではないか。憶測が含まれることを承知で、この音唯さんの外界に対する恐怖感の意味について考えてみたい。

乳児にとって外の世界は未知の世界であり、それは安心感が感じられない恐怖の対象となる世界でもある。そんな乳児が未知の世界を理解する手がかりはアタッチメント対象である養育者のまなざしである。たとえば、知らない人が近づいてきたとき、子どもは恐怖を感じる。しかし、母親がその人を見た時に「あら、○○さん、久しぶりー、元気にしてた？」とにこやかに話し始めると、「ああ、この人はお母さんがよく知っている人なんだ。安心していいんだ」と子どもは理解し、その人に対する恐怖心も消えていく。これは「社会的参照」(social reference) と言われるものであり、小さな子どもはこのアタッチメント対象の表情や言動を手がかりにして外界に対する安心感と見通しを築いていくのである。そのためにも子どもにとってアタッチメント対象は必要不可欠な存在なのである。

ちなみに、子どものアタッチメント対象になるためには、子どもの心身の苦痛や恐怖を敏感に感じ取って、「こわかったねえ」「いたかったねえ」と言語化しながらケアしていく中で子どもの心に安心感を届けることが大切である。

しかし、ASDの子どもの場合、その独自な感じ方や発達特性が影響して、養育者が子どもの心身の苦痛や恐怖を敏感に読み取ることは容易ではない。そのために、多くのASDの子どもは養育者とのアタッチメントの関係形成につまずきやすく、この社会的参照のメカニズムを使って外界に対する安全感と見通しを築くことが困難になってしまうのである。

また、それに加えて、音唯さんの家族関係の不安定さも安全感のなさに影響しているのではないだろうか。音唯さんの両親は音唯さんが幼児の時に離婚している。推測の域を出ないが、離婚に至る過程で母親自身も精神的に追い詰められて、音唯さんの不安や恐怖に寄り添うことができず、そのことも音唯さんの「外界に対する過度の不安や恐怖」につながっている可能性は考えられるであろう。また、離婚する前の父親や厳格な祖父に幼少期に怒鳴られたような体験が音唯さんを恐怖に陥れ、そのイメージが内面に取り込まれて、自分を攻撃する「内なる他者」になってしまっている可能性も否定できないであろう。

アタッチメント対象との関係で安全感と見通しを持てない音唯さんは外界に対する激しい不安をテレビをずっと見続けることで耐えるしかなかったのかもしれない。このように考えると、音唯さんが、自分の不安を軽減する唯一ともいえる手段だったテレビのリモコンを取り上げられたときに激しく暴れたのは必然だったのではないだろうか。

音唯さんは「鉛筆をずっと削り続ける」というような強迫行為、雷鳥のぬいぐるみを抱きしめる、また、チェアをずっと揺らし続けるなどの様々な行動で不安を処理しようとしていたのかもしれない。しかし、それらの対処行動は不安や恐怖の本質的な解決につながるものではなかったと言えるのではないだろうか。

音唯さんは体育館の入り口で、床が歪んでいる、体育館が傾いている、入りたくないと騒ぎ出し、誰かが誘いかけると暴れた。このエピソードの理解はなかなか難しいが、感覚過敏があり、一般の人にはわからないほんのわずかな床の歪みや傾きを音唯さんが敏感に感じとって不快感に襲われていた可能性、あるいは三半規管の失調によって空間認知の歪みが生じていた可能性などが推測される。いずれにしても、音唯さんにとって体育館に入るという行為が過度の不安を喚起されることであり、クラスメイトが善意ではあっても「入ろう」と誘った時に、その不安が臨界点を超えて暴れる結果になってしまったのではないか。あるいは他の子どもたちがどんどん体育館の中に入っていくのに入れない自分のみじめさ、無力感が募り、それをリンシンさんにぶつけるしかなかったのかもしれない。

実践報告の中では、音唯さんからよく攻撃されていたリンシンさんが「音唯さんはどうして目がキョロキョロしているの」と訊いてきたり、「どうして、いつも体を動かしているの」、「なぜ、ぶつぶつ叫ぶのですか」、「怒鳴り出して暴れるのは、私たちが嫌いなの」という疑問が次々と子どもたちからは出されていた。

ASDの子どもは他者と視線が合いにくいことが指摘されているが、視線の合いにくさは虐待を受けてきた子どもの場合でも生じる現象である。視線を合わせることは相手の攻撃性を引き出してしまう恐怖を感じるからである。「怒鳴りだして暴れる」のも、些細な刺激が引き金になって安全感を脅かされ、「闘争モード」に入ってしまうからではないだろうか。

しかし、小柄でおとなしいリンシンさんは音唯さんにとって恐怖の対象とはならないはずである。筆者が関わった重度の知的障害をもつＡＳＤの子どももストレスが飽和点に達すると小さな子どもや高齢者を突き飛ばす行動をとっていたが、自分よりも強い相手には決して暴力は振るわなかった。ストレスが飽和点に達した時に、そのストレスを流す手段が弱い相手に対する暴力であったのかもしれない。

いずれにしても音唯さんのこれらの行動が外界の恐怖から必死になって自分を守ろうとする、音唯さんなりの努力であった可能性は理解していく必要があると考えている。

2　支援の課題

学校の中での安全・安心を確保する

特別支援教育では視覚支援、環境の物理的・時間的な構造化などがＡＳＤの子どもへの支援として強調されている。しかし、それだけでなく、学校の中にアタッチメント対象となる他者とのつながりの中で安全感を築いていく支援も極めて重要である。とくに音唯さんのように外界に対する恐怖感を強く抱いている子どもであれば、アタッチメント対象との関係で安全感と見通しを築くことなしには、日々の学校生活を送ること自体が困難であろう。

七雲先生は彼女の恐怖と一緒に戦うというかたちで彼女を護ろうとした。しかし、すぐにはそれは音唯さんには受け入れられなかった。それでもあきらめずに七雲先生は「一緒に戦おう」と働きかけ続けている。このような働きかけを続けていくなかで、音唯さんが、最後には「先生を呼んでくる。倒してもらう」という言葉を表現していた。

もちろん、まだ音唯さんの中で確信的なものにはなっていない気がするが、この言葉は、七雲先生が、彼女が心身の苦痛や恐怖を感じた時に自分を護ってくれるアタッチメント対象に少しずつなりつつあることを物語る言葉でもあったのではないだろうか。

このような不安や恐怖に襲われている時に安全感を与えてくれるアタッチメント対象を複数、学校の中に確保していくことが当面の課題となってくると考えられる。

もちろん、「安全な場所」は人間関係だけでなく、クールダウンに使用されていた小部屋などの活用も重要であろう。七雲先生は、音唯さんと一緒にその小部屋にイラストを貼りつけたりして、音唯さんが安心して暮らせる空間づくりにも取り組んでいた。

このようにしてアタッチメント対象とのつながりだけでなく、安全・安心を感じられるような空間・居場所づくりも重要な支援の課題になってくると考えられる。

仲間集団とのつながりのなかに安心できる場所を創造する

音唯さんの行動は周囲の子どもたちからは容易には理解されないものであろう。しかし、行動には必ず「ワケ」があり、音唯さんから見た時のview（見え方、感じ方）が存在している。まずは、他の子どもたちが音唯さんに対する理解を深めていくこと、音唯さんの外界に対する不安や恐怖を少しでも共感的に理解できるように援助していくことが大切になってくるであろう。そのためにも、音唯さんの言動に対して子どもたちが抱いている疑問を子どもたちと一緒に考えていくことは、困難ではあっても必要な取り組みであろう。なぜなら「行動にはワケがある」ということを考えていくことは、音唯さんだけでなく、子どもたちがお互いのことを理解し合っていくためにも大切な課題だからである。

その次には音唯さんの興味・関心がある活動（たとえば、イラストやモノづくり）を媒介として仲間とのつながりを作り、音唯さんの自己肯定感と仲間に対する信頼感を少しずつでも育んでいくことが課題となってくる。ＡＳＤの子どもにとって、自分が興味・関心がある活動や得意な活動は一番安心感が担保されている活動でもある。さしあたってはイラストやモノづくり、あるいは事例6のようなぬいぐるみクラブなどを通して、他の子どもたちとつながれる活動を見つけていくことが重要であろう。

このようにして大人との関係だけでなく、仲間集団の中でも安心・安全を感じられる関係を築いていくことが、少しずつではあっても彼女の外界に対する不安と恐怖をやわらげていってくれることを願っている。

8 ギフティッド・洗濯機を解体する子

小5女子

▼どんな子どもか▲

- ✓学力は素晴らしく高い
- ✓読書が好き、特にポワロとホームズ
- ✓洗濯機やパソコンを分解する
- ✓学校は理性的で丁寧な対応
- ✓しかし母は追い込まれている

◈関わり方◈

- ✓なにより母親の安定。
  ギフティッド親の会？

〈教えて〉天才の苦悩

1 図書室の本を読み尽くす女の子

今日は風が強かった。車を運転していると、一一時のサイレンが響いてきた。甘達《あまたつ》さんは軽くアクセルを踏んだ。先週相談メールがやってきた。大学の近くにあるコーヒー店で待ち合わせた。

黄色い電灯が店内を照らしていた。格子窓に隣接した席に相談者は座っていた。体が触れるか、触れないかの距離に女の子がいる。

「お忙しいところをお願いしてすみません」

湖南《こなん》さんはこれが相談対象です、とばかりに娘を見た。そして、メニューを甘達さんに向けた。子犬のワルツが流れていた。

娘の名前は整《ととのう》さん。現在は五年生で、小学校に入学してから一日として教室にじっといたことがない。多動で落ち着かない。授業が始まっても本を読んでいる。注意されると暴れる、噛みつく。無理強いされると教室を出ていく。何度か同級生にケガをさせたことがあった。学校側はすぐに支援員をつけることにした。しかし、整さんの行動範囲は徐々に広がり、一年の後半からは怒ると無我夢中で外に出る。登校を渋るようになった。

二年の中頃から通級指導のように、小さな教室で個別に学ぶことにした。学年の子ども以上に勉強はできる。好きなことはミステリー小説。アガサクリスティーやコナンドイルの本を読む。図書室に専用の椅子を置いてあり、そこが指定席。本は全て読破し、現在二巡目だそうだ。二年の後半、学校へ行く道すがらポワロにでてくるような教会を見つけ、そこでたたずんだ。学校へ行かず、お母さんや学校の職員が探す事件を起こした。現在は送り迎えをしていると、湖南さんが補足した。

2　追い詰められる母

ようやくケーキセットが運ばれてきた。甘達さんはモンブランを頼んだ。

「せっかくだから食べましょうか」初めて声を出した。湖南さん親子もうなずいた。ここまで整さんはじっと座っている。軽くフォークを握った。

「好き嫌いがとても激しい。給食は全く食べない。それで三年の頃から校長室で、私が作ったお弁当を食べている。校長先生や教務担当が、うちの子が激しく暴れると相手をしてくれる。申し訳ないなって思うけど、向こうは子どもと関わるのは楽しい。これも教育です。一緒に頑張りましょうって、とても丁寧に対応されています。だけど、それを聞くし余計に心がヒリヒリする」

ケーキに手をつける気配がない。

「お弁当は味が口に合えば食べるけど、残すことも多い。ここのケーキは自然なものを使い、やさしい味だから食べる。家でも同じで、食べるものがないとお菓子を食べている」

話に夢中になると、観察が疎かになる。整さんは生クリームを舐めている。

「お父さんはどう考えているのかな」甘達さんは尋ねたところで、コーヒーを味わった。深い香りがした。

「あまり話さないけど、心配はしている。産婦人科の開業医をしていて、家をあけられない。泊まりで旅行に行ったことってあったかしら。私は受付の事務を普段しているから融通できる。だけど去年からかな、女子だからあまり暴れないのかと思っていたら、四年になって激しく暴れて困るから迎えにきてくれって、連絡が来るようになりました」

コーヒーをもう一口、甘達さんは飲もうとした。

「いろいろ本も読みました。論文も。感情コントロールについても調べました。こんなに手がかかるのはどうしてなんでしょうか。病院に行って診察したらという人もいるけれど、それでなんとかなるんですか。うちの人も病院を継ぐために勉強の連続だった。今は経営で手一杯です。いつもため息ついて、あとは頼むっていうのが口癖です」

3 自分が怖かった

二度目の電話は、三週間後にかかってきた。前回と同じ店で待ち合わせた。

「迎えに呼び出され、マンションに連れ戻ると、カギを病院の事務机に置き忘れたことがあった。『ここで待っていてね』と言って、戻ってくるといない。慌てました。マンションの駐車場に置いてある車の影で膝を抱えて泣いていた。私を見ると自分の方へ引き寄せて、お腹をドンドンとたたいたの。私がカギを取りに病院へ行くって話したのを聞いていなかったみたい」

どうしようもない、ため息と一緒に冷たい空気が流れた。二階には客はいなかった。

「三ヶ月前かな。お風呂がやたらと長いから見にいくと、脱衣所に置いてある洗濯機を分解している。下着のままで。私を見てニコッと笑ったから、本当にカーッと頭にきて、そのまま玄関まで引っ張っていき、外に出した。玄関をドスン、ドスンと蹴る音がして、ますます頭に血が上りそうになった。でも、これは虐待かとふっと何かが降りてきて、すぐに中に入れた。あの時は本当に自分が怖かった」

目に涙を溜めている。分解したのはこれが初めてではないそうだ。ミキサーやスピーカー、ヘッドホーンなどもすでに解体されている。

モノを壊す、本が好きでこだわりが強い。特性があることは明らかだったが、その能力はかなり高い。しかし、お母さんは追い込まれている。

「アガサクリスティーも好きなんだって？　どの話が好きなの？」

甘達さんは視線を整さんに移した。

「ＡＢＣ殺人事件、スタイルズ荘の怪事件、あなたの庭はどんな庭。これは短編・・・」

「じゃあ、授業は何が好きなの」

「どれも面白くない。私の知らないことを先生は教えてくれない」

唇の下に生クリームをつけていた。答えと仕草はアンバランスだった。湖南さんは困った表情を浮かべて、娘にテイッシュを渡した。

「学校でじっと座っておいてね、と声をかけられて、中休みになってもじっとしていたら、友だちが立ち歩いたそうです。それで大声で注意したらみんなに言い返され、パニックになりました。こんなこと、数え切れません」

レモネードを飲んだ。

「そうなるとすぐ学校から電話がかかってきます。整さんが暴れているので迎えに来てくださいって。それが一緒に頑張りましょうの意味だったのって感じ。ただ、学校の先生方は整を大声で怒鳴ることも、力づくで抑えるようなことも効果がないとすぐやめて、今はついて歩いてくれている。うーん、不満を感じるのは申し訳ないか。だけど学校で暴れ、外に出ていくと探しに行ってとか連絡が来るので、最近私はビクビクしています」

レモネードの泡が電灯で光り、シュワ、シュワと消えていく。

「大変でしたね。本当に一人で背負ってきたんですね」

声をかけると涙をポロポロと流した。

「同じようなお子さんを育ててきた経験者で、おもしろいお母さんがいるんですよ。今度その人と子育てについて、おしゃべりしてみませんか」

母として追い詰められ、疲れた気持ちをまず軽減することにした。

4 天才を育てるのは骨が折れる

三回目は研究室で行った。

「やっぱり大学は広いですね」と湖南さんは見渡して、甘達さんの隣を見た。

「前回お話した、神楽《かぐら》さんと娘さんです。娘の陶子《とうこ》さんは大学生かな」

ふたりはかすかに頭を下げた。

「天才を育てるのは骨が折れるわ」と、神楽さんが口元を緩めながら話し出した。陶子さんは整さんを誘い、絵本を並べているじゅうたんに寝そべった。

「陶子の五つ上に兄がいます。小学校の頃から大変でした。遠足があると、お菓子は食べられる分を持ってきていいと話すから、食べられるかどうか、一度食べてみなきゃと試す。宿泊訓練があると、持ち物に全部記名しろと説明され、石鹸や歯ブラシにも書こうとする。注意されると怒鳴り飛び出す。モノを投げる。私の人生は詫びる人生でした」

悲しい話なのだが、回転の速さもあって笑いが漏れる。

「うちとよく似ている」湖南さんももう黙ってはいられないと、愚痴を語り始めた。

しばらくすると老夫婦が訪ねてきた。そして整さんに声をかけると、じゅうたんからゆっくり起き上がった。

「日曜の午後だけ、私の両親が整を見てくれるので、やっと力が抜ける」

湖南さんは照れ笑いを浮かべながら、整さんを見送った。

「神楽さんのお兄ちゃんは、大学検定を受けて医学部へ入学しました。解剖とか、そういうことに興味があり、今はなんとかやっているそうです」

甘達さんが神楽さんの方を見た。

「子どもを学校から守るのが大変でした。学校はみんな一緒を求める。でも、うちの子はものすごくできるところもあれば、極端にできないこともある。凹凸が激しい。一緒は無理です。みんな違ってみんないい。口だけなのが学校よ」

長年の恨みが溜まったというよりは、本気で聞いてくれるのなら話そうか、神楽さんはそんな表情をした。

「子どもが学校に行っていないと、親が甘いみたいに周囲に見られた。それがたまらなかったし、暴れていたら精神科へ行けって。どうしてってって感じ」

目元を軽く指で拭いた。私たちは息を潜めて聞き入った。

「ただね、子どもの話は聞くようにしたのよ。聞いてくれる人がいると助かるの」

「私、それがあったから小四から登校できました」

陶子さんは起き上がって話し出した。今度は陶子さんが拭う番だった。

「湖南さん、今日はこれからどこに行く予定？」

「予定なんて別に・・・」

「デパートでバーゲンしているから一緒に行かない？　途中、甘いものも食べましょうよ」

湖南さんの表情が一気に華やいだ。

夏の日差しがくっきりと影を映した。三人はなるべく木陰を選んで歩いた。

「実は随分久しぶり。こうやってデパートを歩くの。それも子ども抜きでね。いつもと違う時間を過ごした気がする」

そんな会話ができたらいいなと、甘達さんは想像した。

解説

ギフティッドの子どもたちをどう支援していくのか？

1 整さんをどう理解するのか？――ギフティッドと言われる子どもたち

アメリカなどではギフティッドの子どもは国の科学技術の水準を高め、国家の発展に寄与する人材として、以前からその「特別なニーズ」に対する配慮を行う施策がとられてきたが、近年、ようやく日本でもギフティッドと言われる子どもたちの存在が社会的に注目されるようになり、その教育の在り方が問われるようになってきた。

ギフティッドの子どもは知的にとても高い（IQ130以上）がゆえに、整さんのように、日本の学校の画一化された学習内容が退屈過ぎて、その苦痛に耐えられずに立ち歩き、それを注意されるとパニックを起こして暴れたり、学校に行けなくなる子どもも少なくない。

ギフティッドと言われる子どもの中にはASDの発達特性を併せ持つ子どももいれば、そうではない子どももいるが、整さんの場合、「学校でじっと座っておいてねと声をかけられると中休みになってもじっと座っている」というような「字義通りの解釈」なども顕著にみられるため、ＡＳＤの傾向も伴っているギフティッドの子どもであると推測される。

杉山登志郎（二〇〇九）によれば、日本ではあまり知られていないが、アメリカでは約二〇〇万人の子どもたちが、天才児のための特別支援教育プログラムを受けているとされている。（杉山登志郎・岡南・小倉正義　二〇〇九「ギフテッド　天才の育て方」学研　第一章）

杉山は次のように述べている。

「なぜ、天才児に特別支援教育が必要なのだろうか。それは、著しい才能の凸凹を持つ者にとって集団教育の場は、適応が難しいからである」「子どもが本来もつ能力を十分に伸ばすために、子どもたちの個別のニーズにある程度応じてゆくシステムなくしては、真の教育と呼べないであろう」「このような視点で振り返ったとき、我が国の特別支援教育は大きな欠点を抱える。単に知的に高いというだけで、認知の凸凹に対して、教育的な対応ができていないのである」

なお、発達凸凹とは、その子どもの中で高い能力を発揮する領域と苦手な領域との差が大きい状態のことを意味している。

杉山が指摘するように、日本の特別支援教育には「ギフティッド」と呼ばれる子どもの「特別なニーズ」に対する理解の視点が欠落している。そのために発達課題に合わない課題を強制したり、それを嫌がる子どもへの叱責を繰り返してしまうことがしばしばあり、そのことがギフティッドの子どもが日本の学校で適応障害に追い詰められる最大の原因になっていると考えられる。

2 支援の課題

その子どもの発達凸凹に対する適切な理解と支援を

神楽さんの長男は通常の高校ではなく、大学検定を受けて医学部に入学し、解剖学の領域で大学の先生にも高く評価されていた。このように大学まで行くと特定領域での能力の高さ、専門性が高く評価され、大いに活躍する機会が与えられる場合も少なくない。しかし、教育課程の縛りが極めて強い日本では、高校までの段階ではこのような発達凸凹のある子どもが特定領域で高い能力を発揮し、評価される機会をほとんど保障できていないのが現状であろう。

ギフティッドの子どもは、通常の授業では「たいくつ」による苦痛があまりにも強く、それが日本の学校教育システムの中では適応障害を引き起こしてしまうことは既に指摘した。それだけに、学校の教育課程の狭い枠組みに縛られるのではなく、その子どもの得意な領域で力を発揮できる機会をどう保障できるのかが重要になってくる。

ちなみに、ギフティッドの子どもだけでなく、多くのASDの子どもには発達の凸凹が存在しており、程度の差はあるが、何らかの得意な教科や活動が存在している場合が少なくない。たとえば、事例4の江戸川くんは、ダンボールを使った制作活動では高い能力を発揮していた。その意味ではギフティッドの子どもに限らず、その子どもの発達凸凹を適切に理解し、学校の教育活動の中でその子どもの強みを活かす活動を豊かに保障していくことは特別支援教育における重要な実践課題なのである。

整さんの場合であれば、機械のメカニズムなどに対する興味・関心が著しく高いだけに、機械に関わる何らかの学習活動の中で高い能力を発揮し、その中で仲間集団から承認されるような機会を保障していくことがまず考えられる。あるいは大好きな本の紹介の時間などで活躍してもらう取り組みなども検討してもよいかもしれない。

いずれにしても、発達凸凹をもつ子どもが得意な能力をうまく活かして社会参加の活動や学問の世界につなげていくことができれば、子どもにとっても社会にとってもハッピーな世界を築いていくことができるのである。日本では大きく立ち遅れているギフティッドと呼ばれる子どもの持つ「特別なニーズ」に対する適切な理解と支援ができる専門性を培うことも特別支援教育の大きな課題であるといえよう。

保護者にも支援を

整さんの母親は、「いろいろ本も読みました。論文も。感情コントロールについても調べました。こんなに手がかかるのはどうしてなんでしょうか」と悲痛な叫びをあげている。我が子のことが適切に理解できるまではギフティッドの子どもを持つ保護者の多くがこのような苦しみを抱えることも少なくないのではないか。

明確な障害を持つ子どもであれば、学校も周囲の人々も他の子どもと同じようにできないことは理解できるので、保護者が責められることは少ない。しかし、ギフティッドの子どもの場合、他の子どもよりもとても優秀な部分がある一方で、他の子どもよりも苦手なこともあるが、そこが周囲の人にはなかなか理解してもらえない。

また、学校の授業があまりにも退屈すぎて苦しくなり、立ち歩いたり、授業への参加を拒否したり、という行動もしばしば生じてくるが、障害があると理解されない限り、同じ授業規律や生活のルールを守ることを強く要請される日本の学校の中では、このような行動は厳しく叱責され、それに耐えられずに暴れると保護者が学校に呼び出され、「ルールを守るように注意してください」と非難される。さらに、子どもが学校に苦しくて行けなくなると「親が甘やかしている」と学校からだけでなく、他の保護者からも批判される。

そんな中で、湖南さんのように保護者も精神的に追い詰められていく事例も少なくない。

その意味では、ギフティッドの子どもを持つ保護者の抱える生きづらさをしっかりと受けとめて支援していくことも必要な取り組みであろう。

それと同時に、今回の事例のように、ギフティッドの子どもをもつ保護者同士のつながりを築けるように援助していくことも重要な課題であろう。なぜならお互いが我が子との関わりで体験してきた悩みや傷つきを心から共感してもらえることで、「自分だけではなかった」という深い安心感を持つことができるからである。

ところで、J・ハーマン（一九九六）は心的外傷をもたらすのは苦しみや悲しみそのものではなく、それが誰にもわかってもらえない、分かち合えないという圧倒的な孤立無援感であると指摘している。そして、このような孤立無援感は、時にはギフティッドの子どもを持つ保護者にも当てはまる問題であろう。だからこそ、同じ悩みや苦しみを持つ保護者同士の関係を築いていくことはその孤立無援感をやわらげ、もう一度、人生を前向きに生きていく力をエンパワーするものにもなると考えられる。

もちろん、これはギフティッドの子どもを持つ保護者だけでなく、何らかの事情で我が子の問題を理解してもらえず、孤立無援感に苦しんでいる多くの保護者への支援に共通する課題であることは言うまでもないことであろう。

9 侵入・パーソナルスペースに入る子

小5男子

▼どんな子どもか▲

✓そばにくるな！　みんなの怒り
✓顔が近すぎ、真横で話す
✓距離が取れない、空気が読めない
✓バイキンと呼ばれ孤立

◈関わり方◈

✓ヒットした距離のとり方練習会
✓両者の言い分を公平に聞く

〈教えて〉
まわりの不満の解消法

1 バイキンと嫌がられる子

理科室にはグローブが三つある。二つは子ども用で、もう一つは大人用だ。青戸《あおと》先生は理科専科で高学年を担当している。科学者が身にまとう白衣を着こなし、子どもに人気がある。

「先生、小美玉《こみたま》くんが人と距離を取る練習会、順調に進んでいます。その風景を見て、まわりの子も対応がトゲトゲしくなくなりました。いじめもなくなってきました」

利府《りふ》先生がアルコールの匂いがする理科室の扉を開けた。

「よかった、本当によかった。小美玉くん、キャッチボールが大好きだね。いらだってきたら、グローブをとって来いとばかりに合図をしてくるよ。そして、二〇分くらいキャッチボールすると落ち着くようになったよ。あとは、ぼくと小美玉くんの関係から、小美玉くんと友だちの関係に移行することだね」

「三つ目のグローブはそのためですか」青戸先生はそうだとばかりに微笑んだ。

あれは冬休みまであと一ヶ月、金曜日の午後だった。四人組の実験グループで、小美玉くんだけ席を離されている。おとなしい女子に「どうして席を離しているの」耳元で尋ねると、

「小美玉くんと離れないと、小美玉キンがうつったとはやされ仲間外れにされそうだから」

「いじめられる？　そんなことがあるの」女子は無言でうなずいた。

2 距離、パーソナルスペース

「内心、気になっていました」

担任の利府先生が心配そうな声をあげた。小美玉くんはまわりと距離が取れない、空気が読めない子だった。例えば五年になって短距離走をした。

「おれのコースに入ってぶつかってきた」隣の子どもを非難した。コースをはみ出したのは小美玉くんだった。リレーでも、追い抜かれると走ることをやめる。ドッチボールでは強いボールを投げるが、ふっと気を抜いて立ち止まる。その隙に当てられる。すると、

「なんでおれをねらうんだ」と、ドッチボールをしていることを忘れて怒る。誰かが自分の後ろにいる子に手を振ると、勘違いして近づくし、後ろの子を笑うと、

「おれを見て笑った、バカにした」飛び蹴りをしようとしたこともある。

一番みんなから嫌がられているのは、誰彼関係なく、顔の間近で話すことだ。距離が近い子だった。どうかすると簡単に髪や肩に触れてくる。

「そばにくるな」これを排除されたと感じ、感情の制御が困難になり、怒鳴り続ける。ひとたび制御が効かなくなると、切り替わるのに時間がかかる。あまりに攻撃的なので力で止めると今度は全く動かず石になる。それで、

「小美玉くんはこんな特徴があるのだから理解して、怒らせないようにしてね」

と指導してきた。

「どこが悪かったのでしょうか」利府先生は対処の仕方に悩んでいた。

「そこが原因ですよ。小美玉くんは特性を持っているから、思いやりを持って接しよう。ガマンしよう。怒らせるんじゃないという指導が、まわりの気持ちを腐らせたんだと思います」

3 昼休みの暴力事件

事務室の警報装置で異変が起こった。グランドと体育館の間で子どもがもめている。五人の子がドッチボールを小美玉くんに投げつけようと追いかけている。

「ああっ、逆襲に出た」外掃除の竹ぼうきを手に、小美玉くんが逃げから転じて、追いかける側になった。

「止めに行ってくる」

相談室は満員だった。

「こいつらがボールを投げつけ、追いかけてきた。見ただろう。可哀想なのはぼくだ」

「おれたちがドッチボールの組み分けをしていたら、小美玉が真後ろにいた。そばにくるなっていうのに、わざと近づく。向こうへ行けって言ったら急に怒鳴り出した。近すぎ。それがいやだ！」

五人組の不満は共通していた。一時間ほど話を聞いたが、相手が悪いと双方が主張し、歩み寄る気配はない。さて、両者の保護者にはどう説明するといいのか。子どもを教室に返したあと、相談室はその話になった。

翌日、小美玉くんのお母さんは緑のスーツを着て、生活指導担当の青戸先生と向かい合っていた。おばあちゃんも一緒だ。

「うちの子にちゃんと謝罪してほしい。親子で謝ってほしい。あまりにひどすぎる。一対五ですよ。あんまりです」

一貫して激しい口調だった。普段は呼び出しても来ないのに、苦情がある時はやってくる。

「親も子どもも呼ぶなんて、できるかなあ」

「できるかじゃありません。してください」

小美玉くんのうちはシングルで、お母さんは六年のお姉ちゃんと五年の小美玉くん、それに幼稚園児の三人を育てていた。すでに五〇分、同じことをお母さんは繰り返し、おばあちゃんが補強した。自分の子には非はない。相手の気持ちを推し量ろうなどは微塵もなかった。受け入れなければ別な手段を取るとおばあちゃんが迫っている。

「小美玉くんがこのようにムキになったら、どう対応したら良いですか。家でしていることなど、アドバイスをしてくれませんか」青戸先生は顔をしかめた。

「六年の娘を呼んでください。あの子は上手に収めてくれます。うちでも、いつもそうしています」それだけ話すとお母さんたちは連れ立って帰った。

翌週、お母さんの気持ちに添うかたちで会を開いた。小美玉さんは「子どもが子なら親も親だ」と、終わったあと批判しながら、「会を開いてくれてうれしい。ありがとう」気持ちを汲んでくれたことに感謝し、何かあると青戸先生を頼るようになった。

4 お姉ちゃんの苦悩

理科準備室から薬品を取り出そうとした。

「青戸先生、小美玉くんが三人の男子ともめて大変です。お願いします」

利府先生が呼びにきた。

「おれたちが放課後の相談をしていたら、小美玉が勝手に近づいてきて、顔が真横にある。耳に息がかかる。気持ち悪い。向こうへ行けって押しただけや」

「それだけじゃねえやろ。小美玉キンって呼んだ」小美玉くんは椅子を軽く蹴った。

「お姉ちゃんを連れてきました」

「ごめんね、授業中に。でもお母さんに小美玉くんが興奮したら、お姉ちゃんを頼るようアドバイスされたから来てもらった」

お姉ちゃんは彼の手を引いてベランダに出た。ただうなずいて聞いている。その間、三人の男子から経緯について、じっくり聞くことにした。

「いつも小美玉を怒らせたら、おれらが悪いことになっている。不公平や」

文句は山ほどあるとばかりに、男子が椅子に座り直すと、

「その通り、ひどすぎる」ふたりが相槌を打った。

「どうしたら納得するの？」利府先生が質問した。

「おれたちの言い分も聞いてほしい。ちゃんと小美玉を注意してほしい」

口々に対等に接してほしいことが要求された。

利府先生が窓のそばに立ち、ベランダの姉弟を見ながら言った。

「子どもたちの小美玉くんへの不満を、思いやりという言葉で、これまで封じ込めたことが噴き出したんですね。対等に、確かにその通りです。いつかの推理が当たりましたね」

青戸先生が笑顔を見せた瞬間、ベランダから姉弟が入ってきた。

「小美玉くんは図書室で好きな本を選んでおいてね」

無表情な顔つきで、とぼとぼと歩いて行った。

「またこんなことがあったら頼っていいかな」

「あの、いいえ・・・断りたいです」

「ええーっ・・・」利府先生は驚いた。

「でも、お母さんが・・・」青戸先生が意味を図りかね、口をつぐんだ。

「私、もう疲れたんです。家でも学校でも弟の世話ばかり。私は私のはずなのに、いつも弟のことが頭から離れない。弟の教室の隣にされた学年もありました。早く中学生になりたいです。もっと普通の家に生まれたかった」

ぽつり、ぽつりという感じで、心の奥にしまっていた言葉が突き出してきた。語り終えると、ほっと力を抜いて床に座った。

5 距離のとり方ワークショップ

利府先生たちは男子と約束したように、一方的に小美玉くんの肩を持たずに、両者の言い分をしっかりと聞くようにした。互いにどこが悪かったのか、何ならあやまれるか、公平な位置に立った。お姉ちゃんを頼ることはしばらくやめることにした。では、どうやって興奮をおさめるのか。小美玉くんは野球部に属し、昨年支援員さんとよくキャッチボールをしていたことを思い出した。そこで、毎日昼休みにキャッチボールをすることにした。興奮した時も同じだ。その役は青戸先生が担当した。

一番の原因だったパーソナルスペースについては、距離を取る練習会を週に一回、放課後公開で開催することにした。もちろん対象は小美玉くんだが、誰が参加してもいい。しかも、公開なので誰でも見ることができる。

「いいかな。小美玉くんが近づいてくると、もうダメっていう距離になったら手をあげて教えてね」同級生に練習相手をしてもらった。

「どうして、さっきの子と距離が違うんだ」小美玉くんが不思議そうにつぶやく。

それはねと、利府先生はひとりひとり感覚が違うんだよと解説した。

「では、立場を入れ替えてみましょう」と、役を入れ替えた。

こんなワークショップで、小美玉くんは距離の取り方を徐々に学んだ。不公平だと批判していた男子は、先生が両者の言い分を聞くことや、公開で小美玉くんに指導している様子を見て、少しずつ態度を軟化した。

「三つ目のグローブが早く役に立つといいですね」利府先生の言葉に、

「他人事みたいな言い方をしないでください」青戸先生がグローブを軽く放り投げた。

解説

ＡＳＤの子どもと他の子どもたちとの相互承認の関係を築く

1　小美玉くんをどう理解するか

小美玉くんは未診断であるが、ＡＳＤの傾向が顕著にみられる子どもである。たとえば、リレーのコースをはみだしたのは小美玉くんの方なのに、「おれのコースに入ってぶつかってきた」と相手の子どもを非難する、というような状況判断の困難さ、相手の感情や思いを理解する力である「心の理論」の障害、対人距離感が定型発達の子どもと大きく違うこと、などはＡＳＤの子どもにはしばしばみられる問題であり、それがしばしば仲間間のトラブルの引き金になっていた。

小学校中学年の時期は、ネグレクトで服から異臭がする子どもや未診断のＡＳＤの子どもに対する「異質性の排除」としてのいじめが深刻化することも少なくない。

また、この「異質性の排除」としてのいじめには多くの子どもが巻き込まれてしまいがちである。その理由の一つは、「小美玉くんと離れないと小美玉キンがうつったとはやされ仲間外れにされそうだから」という女子の言葉に表現されているように、ASDの子どもの味方をすれば、自分も仲間集団から排除されるという不安が強く存在するからであろう。

その結果、ASDの子どもの対人関係での被害的な認知がさらに強まり、相手が違うことで笑っていても、「おれを見て笑った。バカにした」と誤解して相手を攻撃してしまい、悪循環的に仲間集団との関係が悪化し、ときには不登校に追い詰められていく事例も決して少なくないのである。

ところで、小美玉くんが仲間集団から一番嫌がられている行動が「顔の間近で話したり、すぐに髪をさわったり、肩に触れる」行為であった。

ASD児者が定型発達の人とパーソナルスペース（すなわち、他者が自分に近づいて不快に感じない限界範囲）が大きく異なっていることはしばしば指摘されている。

しかし、パーソナルスペースは世界の国や文化によっても異なっている。

杉山氏が「自閉症を理解することは異文化理解である」と指摘しているように、小美玉くんが間違っているということではなく、異文化理解、お互いの文化による感じ方の違いとして理解していくことも必要であろう。

2 支援の課題

個々人のパーソナルスペースの感覚の違いを学習する

担任の先生は「距離を取る練習会」を放課後に公開で開催している。この取り組みはパーソナルスペースが個人によって異なることを、小美玉くんだけでなく、他の子どもたちも理解できる素晴らしい取り組みであった。もちろん、ASDの子どもほど大きな違いはないとしても、定型発達の子どもの中でもパーソナルスペースは異なっていることがわかると、小美玉くんだけが異質なのではなく、「感じ方は人によって多様である」ことを子どもたちは学習し、小美玉くんを多様性をもつ個人の中の一人として理解することもできるのではないだろうか。

お互いの思いや視点に対する相互的な理解

学校現場では、利府先生のように、周囲の子どもに対して、「あの子には障害があるからあなたたちの方が理解してあげて。がまんして」と求めてしまうことがしばしばみられる。しかし、このような指導は「いつも自分たちが悪いと言われる」という言葉に見られるように、他の子どもたちの不満を高め、かえってASDなどの障害を持つ子どもへの排除意識を強めてしまうことがしばしばあり、実際、この事例でもそのような経緯を辿っていた。それだけに、一方の思いではなく、周囲の子どもの思いも丁寧に聴き取り、「この先生は小美玉くんだけでなく、自分（たち）の思いも理解してくれている、理解しようとしてくれている」と感じられるように関わっていくことが何よりも重要になってくる。

また、ＡＳＤの子どもの場合、「心の理論」の障害もあり、自分の行為によって相手が不快な思いをしていることに気づけず、周囲の言動に対する被害的認知がどんどん強められていくことも少なくない。それだけに、ＡＳＤの子どもの感じた思いも丁寧に聴き取って安心感を育みつつ、相手の思いをわかりやすく伝えていくことも必要であろう。

また、その際には両者の思いをホワイトボードに書くなどして外在化し、お互いの思いを「見える」化することで相互理解を図っていくこと、そのようにしてお互いの思いをしっかりと理解し、お互いが納得できる問題解決をはかっていくことが大切である。そのような取り組みの積み重ねが、社会性の局面において「九・一〇歳の発達の節目」（理論編二一九頁）を乗り越えていく力にもつながっていくのである。

3　障害児のきょうだいのもつ生きづらさへの理解と支援の重要性

この実践でもう一つ考える必要があるのは、ASDなどの障害をもつ子どものきょうだいの抱える生きづらさである。障害を持つ子どものきょうだいが抱える生きづらさの問題については以前から著書も出されている。（たとえば、広川律子編　二〇〇三「オレは世界で二番目か？　障害児のきょうだい・家族への支援」クリエイツかもがわ、などを参照）

その原因については以下のようなことが考えられる。

一つ目には、保護者が障害を持つ子どもの世話に心身のエネルギーを奪われ、障害を持たないきょうだいには十分なケアができない状況になってしまうことが挙げられる。

二つ目には、障害児のきょうだいという眼差しを仲間集団から、ときには教員からも向けられることによる心理的な苦痛である。

三つ目には、特に女児の場合、障害を持つきょうだいのお世話係をさせられることがしばしばあり、そのことが心身への大きな負担となるからである。近年、ヤングケアラーの問題が社会問題として取り上げられるようになったが、障害児のきょうだいの中には、ずっと以前からヤングケアラーの役割を背負わされ、生きづらさを抱えてきた子どもも少なくないのである。

母親は、小美玉くんが暴れたら「六年の娘を呼んでください。あの子は上手に収めてくれます」と語っている。しかし、弟の「お世話係」をさせられている姉の抱える苦悩については母親はまったく理解していないように思われた。そうでなくても「五年生のあの子、あなたの弟だよね」とクラスメイトから言われることもあり、それだけでもつらい思いをさせられているのに、「授業中に呼び出して仲介させる」ということがどれほどの心の負担、ストレスになるかは想像に難くない。

この事例の場合、小美玉くんのお姉さんがはっきり「断りたいです」と泣きながら自分の意志を表現し、お世話係をさせられることの苦しみを表現できたからまだよかったが、そもそも「授業中にきょうだいを呼び出す」という行為がどれほど姉に負担をかける行為か、姉が口に出して訴えるまでもなく、学校の教員がわかっているべきことではなかっただろうか。

ちなみに、推測に過ぎないが、母親自身にも発達特性の問題があり、もしかしたら母親の母親（小美玉くんの祖母）にもあるのかもしれない。だから学校の中で「姉を呼んで仲介させる」行為がどれほど娘に負担をかける行為なのかが理解できなかったのではないだろうか。

この事例のように、かりに保護者からそう言われたとしても、学校の教員は保護者の言葉をそのまま鵜呑みにはせず、それがその子にとってどういう意味を持つのかを適切に判断して行動することが教育的な責任として求められている。

10 あきらめる・あの人も女だから

中3男子

▼どんな子どもか▲
✓修学旅行でトラブル、そこから欠席
✓迷った末に高校へ進学したい
✓お母さんはアルコール、男性依存？
✓願書が届かなーい

◈関わり方◈
✓回数多く家庭に足を運ぶ
✓授業を少人数、探究型に変えてみる

〈教えて〉
親子への寄り添い方

1 吉兆くんという子

しばらく無言で書類に目を通した。厚宮《あつみや》先生は中学校内にある適応指導教室の担当になった。主に担当する子は六人いたが、今年度から対象となる吉兆《きっちょう》くんのところで手が止まった。

小学校から欠席が多く、中一で一八日、中二で三四日となり、今年は一部の教科を指導教室で学ぶことにした。家庭は母とふたり暮らし。市からの援助を受けているが、手続きをなかなか取らないとメモが挟まれている。発達障害と診断されている。小学校四年では「隣の人が消しゴムを忘れているから、貸してあげてね」と担任が頼むと、吉兆くんは自分の消しゴムを定規で半分に切って渡した。机の中や下はゴミがたくさん散らかっているとも記録されている。

2 傘がない

欠席が本格化したのは昨年の修学旅行後からで、旅行の班行動では吉兆くんだけが五分前行動を守り、「遅刻、ルール違反」とまわりに厳しくあたり、言い返されると暴れて孤立した。それを引きずり、学級でもひとりぼっちが顕在化し、家を出ても学校に来ない日が続いた。

学校は飲み屋街の一角にある。授業をサボり、公園で暇を潰していると、昼飲みの酔っ払いに絡まれた。派手な喧嘩になり、警察に補導され学校が連絡を受けた。学校からお母さんに連絡しても電話に出ない。普段は居留守を使っている。この日は警察沙汰ということもあり、玄関をあけてくれた。事情を話し、「家でも注意して見守ってほしい」、二年の担任と生徒指導担当が話すと、「今は学校の時間ですよね。学校がすることでしょ」ぶっきらぼうに断られた。クラス分けにあたり、吉兆くんに誰と一緒なら安心できそうか尋ねると、「友だちなんかいないし、必要ない」参考にならなかった。観察すると、数人の子としか会話していない。

始業式の午後、厚宮先生は吉兆くんの自宅を訪問した。古い四階建てのアパートは階段に土ぼこりがたまっている。前もってお母さんに電話し、吉兆くんの顔を見たらすぐに帰ると話していたので、簡単にドアを開けてくれた。玄関から見ると、お菓子の袋と洗濯物が散らばっている。玄関の外側には、酒の瓶やビール缶が袋いっぱいに置かれている。ほのかにアルコールの臭いがお母さんからしてくる。吉兆くんは、「傘がなかったから学校へ行けなかった」と話すと、さっさと部屋に消えた。厚宮先生は「明日にでも傘を届けるわ。お母さん、書類をお願いします」と言い残し、一〇分程度で帰った。

翌日も吉兆くんは来なかった。

「今日も家庭訪問ですか」

ブラスバンド部を担当している、ブラバン先生が声をかけた。そうとだけ答えると、

「張り切っているんですね」

今度はほめてきた。ブラバンは五〇歳前なのに白髪一色だ。張り切っているんじゃない、当たり前のことをしているのだと返したかったが、面倒だったのでそのまま流した。

厚宮先生の娘は不登校経験者だった。小学校低学年からトラブルが絶えず、高学年になると欠席が増え、中学で不登校が本格化した。担任の先生は形式的な連絡しかしない人だった。目の前にいる子でいっぱいで、休んでいる子にまで気が回らなかったらしい。だけど私はそういうタイプの教師とは違うと自負していた。娘は現在大学生で留学している。

3 円満離婚

「こんにちは」ドアをノックした。吉兆くんが開けてくれた。

「あら、こんにちは。はい、傘を持ってきたわ。出て行った主人が使っていた傘があったから、おさがりだけど、いいものよ」

吉兆くんが言葉に詰まっていると、

「旦那さん、出て行ったんですか」

奥からお母さんが顔をチラッと見せた。奥といっても部屋は二つしかない。

「娘が不登校になって、お前の子育てが悪いっていうから大げんか。でも、円満離婚したのよ」

「離婚に円満なんてあるものですか」

「あるわよ。ところで書類はできていますか」

厚宮先生は用件を伝えた。お母さんはパジャマ姿のまま、吉兆くんの書類を持ってきた。

「市の書類はまだです」

(もしかすると、自分で書けないのかもしれない)

「今度、学校で一緒に書きませんか。意味が不明でややこしいでしょ。でも、お金は大事ですよ」

頭に浮かんだ言葉とは、異なることを口にした。

古い階段に裸電球が灯ると、煤けた街がなんだか美しく見えた。預かった書類を封筒に入れ、信号を渡ろうとした。

「厚宮さん、こっちです」

大声で叫ぶ二人組がいた。横断歩道を斜めに近づいてくる。

「どうでしたか。会ってくれましたか」

ブラバンは結果が知りたいようだった。厚宮先生は書類が入った封筒をバックから覗かせた。

「今夜は学年の飲み会ですよ。覚えていましたか」

厚宮先生は二人の後を歩いた。

4 探究型の授業にシフト

一学期は国語や数学を中心に少人数の学習に力を注いだ。厚宮先生は説明中心にならないように課題を出し、タブレットや本を使い、調べる時間をたっぷりとった。説明は視覚的にシンプルでわかりやすくまとめ、黒板やパワポに整理した。国語は本文を読む力が極端に弱く、物語などの読み取りも苦手だった。そこでAIに読み上げてもらっていいことにした。説明文では映像を探し、捕捉すると内容を把握できる。興味を持ち調べ始めた。同じ要領で社会に取り組むと、嫌いだと叫んでいた教科だが、関心を示し、テストを受けるようになった。

「ものすごい変化ですね」担当のブラバンは大袈裟に驚いた。

探究型の学びは人間関係づくりにおいても変化をもたらした。二学期の中頃のことだった。

「おれ、吉兆となら友だちになれそうな気がする。おまえは?」

一人の子が、いきなり数学の終わりに、真剣な顔で聞いてきた。吉兆くんは、

「友だちなんかいらない。ほしくもない」

そのままノートを手提げに戻している。相手がポカーンとしていると、「小学校四年の頃、担任が隣の子に関われ、世話をしろというのでしたら、話を聞いてくれない。ケンカばかりだった。そのうち、まわりがおれを責めてきて、暴れるしかなかった。なのに去年の修学旅行で班長にされて、みんなを注意したらまた文句を言われた。決定的や。おれは人とは関わらないって決めた。友だちなんて・・・」あれよ、あれよと過去を語り、「だが、あと五年くらいしたら、おまえとは友だちになってもいい」

吉兆くんの声がみるみる明るくなった。

5　あの人も女ですから

「来週いっぱいまでが願書の締め切りです」

ブラバンが学年会で確認した。以前、厚宮先生は吉兆くんに高校について聞くと、進学しないと答えられた。今回も同じ返事だった。お母さんにも連絡すると「本人の意思を尊重します」と、こざっぱりした言葉で返された。

ところが締切日前日になり、連絡箱の中に手紙が入っていることに気づく。吉兆くんが「進学したい」と書いていた。お母さんに尋ねると、「本人に任せる」と素っ気ない。急遽ブラバンに相談すると、「今日中に書類を提出してもらった方がいい」とせかされた。吉兆くんが書くところはブラバンがそばについて教えることにし、お母さんが夕方学校へやってくる手筈を厚宮先生が整えた。しかし、約束の四時を過ぎてもお母さんは来なかった。相談室の窓を雨がしとしとと打ち始めた。乾いた土の匂いがした。吉兆くんは窓を半分閉め、正門を見つめている。一〇分以上もその姿勢のままだ。

「雨のせいで遅れているのかも。ちょっと連絡してみるね」厚宮先生は携帯を取り出した。

「今から出かけます」お母さんの返事は伝えるまでもなく、聞こえたらしかった。けれども、三〇分たっても姿を見せない。

「もう来ないですよ。今、正門の前をあの人の車が通り過ぎました。男のところに行ったんです。いつものことです」

厚宮先生はその意味を測りかねた。吉兆くんは「あの人も、女ですから」、突き放した言い方をして、書類をそのままに教室からいなくなった。そして、黒い傘をさして校庭を歩いた。

6 黒い傘と赤い傘

先生は職員室に戻り、もう一度お母さんに電話した。だんだん腹が立ってきて、何度か着信の履歴を残した。

（こんな時に出ない。なんて親だ）

お茶にお湯を注いだ。その時、（そういえば、私も娘から言われたなあ）自分の言葉で過去を思い出した。娘の大事な時期に離婚したのだ。携帯を机に置き、そんなことを思ううち、うとうとと寝てしまった。

プルプルプルー。

着信音に我にかえった。お母さんが六時に学校へ来ると言う。吉兆くんに連絡して再度呼び出した。今度は時間前にふたりは相談室にいた。書類を仕上げ、ブラバンに確認してもらった。

「間に合いましたね」

そうだ、明日が締め切りだった。

吉兆くんとお母さんが校庭を並んで歩いていた。正門に来ると、男の運転する軽自動車が目の前に止まり、赤い傘は乗り込んだ。黒い傘はそれに構わず、反対方向へ進んでいる。

「ああ、生きててよかったと思える日は、彼には来るんですかね」

ブラバンは職員室へ降りていった。厚宮先生は「それを夢っていうのよ」と思いながら、とりあえず今晩は一人で乾杯することにした。

解説

ＡＳＤの子ども、保護者の生きづらさへの理解と支援

1　吉兆くんとその母親をどう理解するのか

ＡＳＤの子どもの抱える生きづらさ

吉兆くんは正式な診断には至っていないが、小学校時代から机の中や下がゴミ箱状態、「隣のひとが消しゴムを忘れているから、貸してあげてね」という担任の言葉に応答して「消しゴムを定規で半分にして渡す」という状況判断の困難さ、「五分前行動を自分が厳密に守ると同時に、他の子どもにも厳しく注意する」などのルールに対するこだわりなど、ＡＳＤの特性が顕著にみられ、実際、発達障害の診断を医療機関でも受けていた。

このような発達特性も影響して、吉兆くんは小学校中学年頃から仲間集団から排除される経緯をたどっている。また、中学校二年生の修学旅行でも、決められたルールを厳密に守ろうとし、守らない他の生徒を非難したことでトラブルになり、結果として仲間集団から排除

され、登校意欲を喪失させられていった。

ちなみに、吉兆くんの母親にもＡＳＤの特性があり、そのことが社会的状況判断の困難さや、片付けることが苦手で家がゴミ屋敷状態になるなどの問題につながっていたと推測される。憶測の域は出ないが、母親の離婚の原因も母親の発達特性による家事の困難さや夫婦間での相互的なコミュニケーションの困難さが影響していたのかもしれない。

このように母親にもＡＳＤの特性がある状況を考えると、吉兆くんの困り感や辛さを受けとめることを母親に求めることには大きな困難さがあったと推測される。

しかし、校内適応指導教室の、少人数でかつ発達特性をある程度、共有できる仲間との関係は彼にとっては安心感の感じられる場所であり、その中で吉兆くんも次第に学習意欲を回復している。

ところで、「おれ、吉兆となら友だちになれそうな気がする」と言われた吉兆くんが「友だちなんかいらない。ほしくもない」と返してしまっていたが、その後に「友だちなんかいらない」と言わざるを得なかった小・中学校での外傷体験を語っていた。

このようにして自分の外傷体験が受けとめられ、その傷つきが少し整理されたことが、独特の言い回しではあるが、「あと五年くらいしたら、お前とは友だちになってもいい」という言葉につながったのではないだろうか。このように、自分自身の現在の否定的な考え方だけでなく、その考え方が築かれた体験を教師や仲間集団に語ることができたことは、その外傷体験から自分を解放し、新しい人間関係を築いていくための重要な一歩だったと考えられる。

2　支援の課題

吉兆くんにとっての安心基地となること

「あの人（母親のこと）も、女ですから」という醒めた発言を吉兆くんがしていたことに見られるように、母親は彼にとってのアタッチメント対象としてはあまり機能できていない。

その一方で厚宮先生は吉兆くんにとって自分のありのままの思いを打ち明けられ、困った時に助けを求められる他者、すなわちアタッチメント対象になりつつあったのではないだろうか。このようにして彼の生きづらさや思いを共感的に理解することを通して、彼自身が「助けて」と言える力と、その思いを受けとめてくれる他者とのつながりを創造していくことが、これからの吉兆くんの自立にとって重要な意義をもつと考えられる。

発達特性を踏まえた学習支援

通級指導教室の厚宮先生は吉兆くんの発達特性を踏まえて、パワーポイントなども活用し、視覚的にもシンプルでわかりやすい説明に心がけている。吉兆くんは数学などは比較的得意なのに対して国語は本文を読む力が極度に低く、発達のアンバランスさが大きい。おそらくＷＩＳＣⅣなどの知能検査を実施していれば、言語理解の領域が低く、知覚推理の領域は高く出るタイプであると推測される。このような発達特性をもつ生徒に対しては、厚宮先生が実践していたように、映像などのヴィジュアルを多用した学習支援がとても有効であったと考えられる。

趣味やこだわりを共有できる仲間関係づくり

家族の中に安定したアタッチメント対象をもてない吉兆くんに対して、まずは身近な大人が吉兆くんの思いを受けとめ、安心感を届けることは必要であるが、その次には仲間集団、とりわけ興味・関心が共有できる仲間とのつながりを保障していくことが重要であろう。ある教育大附属校では「鉄オタ倶楽部」というクラブを作り、鉄道オタクの大人にも参加してもらって様々な活動を展開していた。通常の仲間集団の中では自分の鉄道への強い興味やこだわりをずっと話し続けると周りから引かれてしまう危険性は否定できない。しかし、この

「鉄オタ倶楽部」のメンバーにはＡＳＤの特性を持つ子どもも少なくなく、どれだけ自分の趣味を話し続けたとしても基本的には仲間集団の中で浮くことはない。このように自分のこだわりも含めて安心して自分の思いを表現できる仲間集団との関係を保障していくことも吉兆くんの自立の拠点を創造していく上では大切になってくると考えられる。

3　母親への理解と支援

母親は吉兆くんが小学校低学年の頃から、授業期間にもかかわらず、一週間から一〇日間も子どもを連れて旅行に行ってしまうというような、社会常識からはいささか外れた行動をとっていた。吉兆くんの母親のように、「家事をまともにしない」、「必要な書類も準備しない」、「電話しても居留守を使って出ない」などの行為によって、「だらしがない母親」、「親としての責任感がない」とその保護者が非難される事態は学校現場ではしばしば生じている。しかし、先にも述べたように、吉兆くんの母親にも発達障害の問題があり、そのことが整理整頓の困難さ、状況判断の困難さ、相互的なコミュニケーションの困難さなどにつながっていたことはほぼ間違いないであろう。また、市役所に提出する書類がなかなか提出されないのも、サボっているのではなく、「書くことが極度に苦手」だったのかもしれない。厚宮先生が「もしかしたら自分で書けないのかもしれない」という視点を持てたのは、校内適応指導教室で発達障害の生徒と関わってきた経験があったからかもしれない。

吉兆くんの母親の場合、その発達特性からくる困り感を周囲の人には理解されず、子ども時代から叱責や非難を受け続けており、自分のつらい思いを共感してもらえる他者とのつながりを持つことができなかったのではないか。その結果、母親は「私は困っている。つらい。助けてほしい」と誰にも言えないまま、その生きづらさをアルコールと異性への依存で何とかしのいできたのではないか。

学校は「保護者は子どものために行動するのが当然」という前提で保護者と関わるが、保護者自身の抱えている生きづらさや困り感が受けとめられなければ、保護者も心をひらくこと、学校に助けを求めることができないのは当然のことであろう。

ちなみに、厚宮先生が出ていった夫の傘の話をした時に「旦那さん、出て行ったんですか」と突然母親が話に加わってきていた。さらに、厚宮先生が娘の不登校の件で夫とぶつかり、円満離婚をしたという話をすると、「離婚に円満なんてあるものですか」と驚いたように尋ねていた。このやり取りからだけでも、母親にとって離婚に至るまでのプロセスがとても苦しいものだったことが推察される。その意味では「あるわよ。ところで書類はできていますか」と会話の内容を変えてしまったのはとても残念な展開であった。もしもここで前の夫との離婚のプロセスでの母親の傷つきや葛藤、あるいは日々の生活での困り感を共感的に聴き取ることができていれば、学校の教員が母親にとって「困った時に助けてもらえる他者」になった可能性は十分にあったのではないか。しかし、ここで「書類はできていますか」と返したことで、母親の依存対象はつきあっている男性だけの状態が続いてしまったのではないか。吉兆くんは「母親も女ですから」と表現していたが、現実問題として、母親のアタッチメント対象になってくれる他者はその男性しかおらず、母親はそこにしがみついていくしか生きる術がなかったのかもしれない。

この事例は吉兆くんとの関わりでは大きな進展を示した事例であるが、母親への理解と支援という点では課題が残った事例であったと考えている。もちろん、そのような保護者支援の役割を学校の教員が引き受けることには困難さがあることも事実であり、スクールカウンセラーやSSW（スクールソーシャルワーカー）との連携の中で、「チーム学校」として母親を支援していくことも検討される必要があったと考えている。

4章

思春期の自立を模索する子どもたち

11 不登校・母と父の不和に揺れる

中1男子

▼どんな子どもか▲

✓一〇〇日以上の欠席、完全不登校
✓昼夜逆転、午後から起きる
✓好きなことは魚釣り
✓移住を望んだ父は出ていった

◈関わり方◈

✓足しげく家庭訪問、コミュニケーション
✓彼のひっかかりを探る
✓過去の家族が再会、離婚の理由を語る

〈教えて〉
自立のプロセス

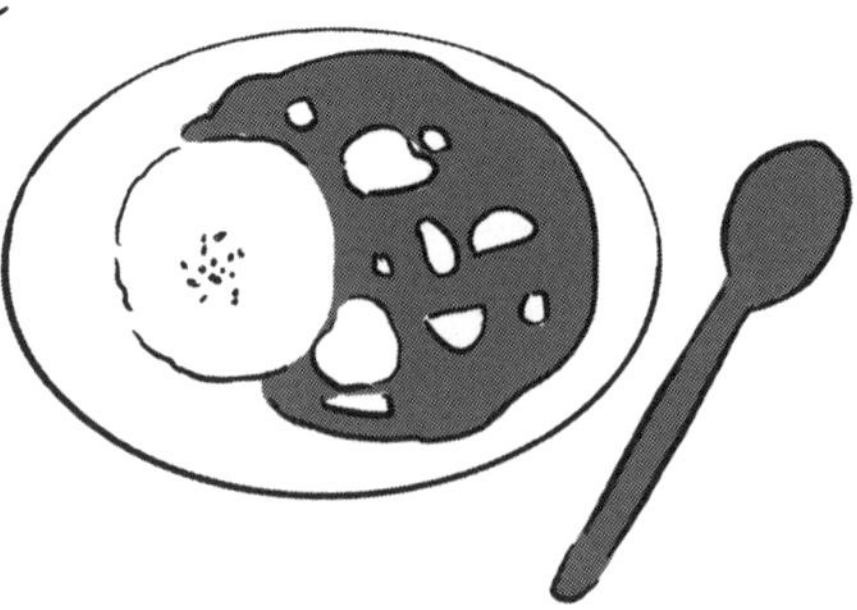

1 一〇〇日近く休む子

泡並《あわなみ》くんは小学校三年の時に、一学年一クラスの学校へ転入してきた。隣の学校まで車で四〇分かかる。陸続きとはいえ、離島みたいなものだ。四年までは順調に過ごしたが、両親が離婚し、お母さんと暮らすことを選択した。お父さんは町外に引っ越した。

泡並くんはお母さんとふたりだけの生活が始まると休みがちになり、不登校になった。六年では一〇〇日近く休み、中学校でも続いている。お母さんは初めのうちは引きこもりがちだったが、次第に吹っ切れたのか、港の市場や食堂で船員や観光客を相手に働いている。

2 順番に家庭訪問

泡並くんは段々畑に囲まれた、小さな一軒家に暮らしている。不登校の日数が一〇〇日を超えることもあり、ケース会議が定期的に開かれた。田舎の学校ということもあり、職員の年齢も若いが、その分エネルギーがある。

「どうしたら良いのでしょうか」

校長が職員からアドバイスを求められる。

「うーん、どうしたものかな」腕を組んで動かない。

「まずはどんな生活をしているか、空き時間を利用して、交代で実態を把握しに行くことが先決じゃないですか」

教頭は朝の六時から校庭を掃く。伸びてきた草をむしり、芝生に水をやる。この時間帯に生徒が登校して来るので、声をかけることを日課としている。実態を把握するがモットーだ。

「確かにそれならできる。順番は・・・」と、校長が日課表と照らしながら予定を入れた。

ケース会議は一ヶ月ごとに開かれた。取り組んでわかったことは、泡並くんは午後にならないと起きないことだ。お母さんは「昼夜、逆転している」と嘆いていた。九人の職員が順に訪問したが、何度も会ってくれたのは、新採用の鍋《なべ》先生と次に若く見える島《しま》先生だった。たまたまかもしれないが、初めて出会う若い先生の方が会いやすいのではないか、と仮説を立てた。それで、二人を中心に訪問の計画が回転するように日課表を操作した。

家に行った際に、会ってくれる時間帯は一時前だったので、五時間目に足を運ぶようにした。訪問すると、お母さんは仕事に行って不在。二、三回チャイムを鳴らすと、泡並くんが玄関を開けてくれる。「何をしていたん?」「別に・・・」「起きていたのか」「まあ・・・」「ご飯は食べているのか」こんな短い会話だが、反応はしてくれる。カレーが好きらしい。しかし、高校はどうしようと考えているのか、とキャリアについて質問しようものなら話の水路は閉じられる。こういう展開にならないのが若い人たちだった。それを見習うことにした。

3 魚釣り

七月ごろからは庭に腰を下ろして、三〇分程度会話が成り立つ日も出てきた。ケース会議では少しでも長く話そう、を合言葉にした。

「何が好きなの？　魚釣りとかはどうなの」

「魚釣りはまああ・・・」

「今度釣りに行かんと。あっ、ごめん。熊本弁が出てしまっと。どうね、自転車で釣りに行かんとね。日曜とか」

その日がやってきた。鍋先生はママチャリに乗って泡並くんのうちに向かった。

「年季が入っていますね」

「これですか。四年の時に買いましたので」肩に竿を持っている。二人は港の先の岩場に向かい、一時間ほど魚を追いかけた。

「そろそろ終わろうか。はい、ジュース」と鍋先生がペットボトルを渡した。並んで岩に腰掛けた。

「魚釣りはよく行ったの？」

「ええ、まあ・・・父さんがいた頃」

「悪いこと聞いたかな。ごめん。ぼくの父さんは中二の時に亡くなったんだ。病気でね」

鍋先生は自分のことを思い出した。泡並くんが「亡くなったのですか」と触れてきたので、

「亡くなったと親友に話したら、いいなあと言われてびっくりした。親友の父さんは兄貴を連れて出て行って再婚した。兄ちゃんに会いたいけど会いづらくて、イライラすると顔を歪めていた。なまじ生きていると気が休まらないと話したことが今もひっかかっているよ」

泡並くんが、「わかるなあ、その気持ち」波間に石をポーンと投げた。「離婚してすぐの時期、母さんが不安定で、家からいなくなるんじゃないかと心配で心配でたまらなかった」と目を潤ませた。

以来、母さんから「どうしたの」とか、「学校に行くように」と催促されてもかえってむかつき、無理に部屋の戸を開けようとされると座布団や枕を投げつけ暴れたことを片付けながら話した。

「母さんを守りたかったんだ。だから、この町に残ったんだ」

鍋先生は立ち上がり、岩場をせっせと降り始めた。

4 父の電話

「自然の力というのは偉大ですね。会話が成り立ちましたから」

鍋先生が魚釣りしながら聞いたことを職員に伝えた。

「本当の意味で、お母さんとお父さんが離婚したことを泡並くんに伝えないと、区切りがつかんでしょうな」

校長がどうしようもないことだけど、と前置きした。そして、

「私たちが、泡並くんへの対応はここまで、としてしまえば終了となるでしょうな。でも、すべて家庭の責任とお母さんに押し付けて解決するでしょうか」教頭を見ながら言葉を続けた。

「教頭先生は泡並くんが転入した時の担任だから、お父さんと話ができる関係じゃないですか」

「私が、ですか・・・」しばらく黙ったが、八月のどこかで働きかけることにした。

意外なことに簡単に話は通じ、お父さんはことの成り行きを聞いて「私の出番か」と納得してくれた。まず泡並くんに電話を入れることを約束した。その効果があったのだろう。相変わらず弱々しい声ではあったが、「太鼓を習いたい」と、泡並くんは家庭を訪れた先生に漏らした。鍋先生が翌日確かめると、父さんが電話で「休んでいることをひけめに感じなくていい。休んでいる分、好きなことをしろ」と励ましたらしい。それを聞いて、「外に出てみようかな

と思った」ことを話してくれた。

「わかった。校長先生たちにも聞いて、太鼓の名人を探してみる」

鍋先生は自転車を飛ばした。

島先生が借りているアパートには漁師をやっている、村祭りで太鼓を打つ爺さんがいる。漁から戻る昼過ぎから週一回、三〇分ほど教えてくれるよう依頼した。

「このチャンスを逃す手はないな。一二月には文化祭もあるし、他の子も習わせようや」

希望する子も昼休みに学校を抜けてよいことにした。男女合わせて五人ほどが手をあげた。

港太鼓クラブと名前をつけ、昼休みの練習が始まった。

5 太鼓が取り持つ縁

太鼓の練習は思ったより本格的だった。師匠は「腹に力を込めて、皮の真ん中をたたけ」厳しい表情をした。泡並くんのもやしのように白かった肌がだんだん黒くなってきた。彼らは太鼓の魅力に引き込まれた。

四週ほど港で練習した日、師匠がようやく十分な時間、太鼓を打たせてくれた。「自分のバチは自分で山に入って、木を見つけ削って来い。今後はそれを使うぞ」と歯切れのいい声に、彼らは顔を見合わせて喜び、バチを作る予定を相談した。泡並くんもその輪にいた。港太鼓クラブの活動は一一月に入っても続けられた。泡並くんは港で合流し、練習した。

「どうする、一二月にある文化祭、それには出ない？」

「文化祭？　学校か・・・」

泡並くんの声が沈み、暗くて深い底に落ちていくように感じた。避けてきた話題だった。

「先生、文化祭は学校だけでなく、港や公民館でもできないんですか。それだったら、泡並も参加できるんじゃないですか」島先生に一人の生徒が提案した。

「いいアイデアやなあ。それは生徒会でも話し合ってくれよ」

気持ちよさそうに、港食堂ののれんが揺れている。

6　離婚の理由

文化祭は港や公民館でも開催され、村の祭りとなった。海をバックにトフックを並べ、荷台をステージにして、泡並くんらは一五分ほどの演技をした。その晴姿をお父さんも見にきた。演奏が終わるとお父さんとお母さん、泡並くんの三人で、海鮮カレーを食べていた。かつての家族が集まった。

「離婚したのは父さんのせい。ここの生活に馴染めなかった。移住は憧れでもあったけど、田舎暮らしは思ったより大変だった。特に海の仕事は体力勝負で、もうダメだと思った。男の人間関係もうまくいかなかった。でも、母さんは残るというし、我慢できずにおれだけ逃げるように家を出た。お前を見捨てたわけじゃない。・・・すまない」

スプーンを手に父さんが話した。もしかすると、もとの家族に戻れるかもしれない、泡並くんに期待が生まれた。

「新しい家族ができたんでしょう」

母さんがかすかに微笑んで、父さんを見つめた。

「・・・そう、ごめん。何も言わなくてすまない」

スプーンを置いて、わずかに頭を下げた。

「あなたも変わったわね。あやまる必要はない。私だって幸せよ」

母さんは自慢するように話したが、本当は残念なんだろう。泡並くんは推し量った。不意に、

「おまえは、おまえの道を歩け」

父さんが泡並くんの肩を触れてきた。その手が懐かしかった。泡並くんはわずかな時間、過去に戻り、引きずっていた荷を下ろした気がした。

控えめな音で、文化祭終了の音楽が鳴った。

解説

思春期の自分さがしの旅の伴走者になるために

1　泡並くんをどう理解するのか？

不登校の背後にある要因を丁寧にアセスメントしていく必要性

不登校は学校に行っていない、行けていないという状態像を示す言葉に過ぎず、その背景にある要因は様々であり、一つ一つの事例を丁寧にみていかなければ、その子どもの自立の課題は明らかにはならない。

中学校段階での不登校生徒を見ていくと、ASDなどの発達特性や知的にボーダーラインの子どもが学校教育の中で「適応障害」を起こして不登校になる事例は少なくない。

また、家庭はネグレクト状態であり、基本的な衣食住が保障されていない、言い換えれば、「生存権（健康で文化的な最低限度の生活を送る権利）」を保障されていない養育環境の中で学ぶ意欲を失っている子ども、あるいはヤングケアラーで小さな子どもの面倒を見させられて学校に来られなくなっている子どもも存在している。

それでは泡並くんの不登校の原因は何であろうか。推測の域を出ないが、小学校高学年時に両親が離婚し、それまで泡並くんのアタッチメント対象だった父親が一人、町から出ていき、さらに母親が鬱状態になってしまい、泡並くんが不安のどん底に追い込まれたことも一つの原因であると考えられる。

泡並くんは「離婚してすぐの時期、母さんが不安定で、家からいなくなるんじゃないかと心配で心配でたまらなかった」「母さんを守りたかったんだ。だから、この町に残ったんだ」と語っている。ここには泡並くんの強い不安感と「母を守らなければ」という悲壮な決意が表現されている。

しかし、母親はその後、すっかり立ち直って元気に働き始め、泡並くんの心だけが取り残された状況になってしまう。離婚時の泡並くんの激しい不安や悲壮な決意のことなどまるで知らないかのように、母親から「学校に行くように」と催促されたことが、「自分の苦しみなど何もわからなかったくせに」という反発につながり、座布団や枕を投げつけて暴れるようになったことは、泡並くんの思いを考えると十分に了解可能なものであろう。

その意味では、泡並くんの不登校の最大の原因は、両親の離婚のプロセスで作られた傷つきや不安が「未解決の葛藤」となって存続し、泡並くんの心を動けない状態にしていたためと言えるのではないだろうか。

思春期の自立の葛藤

思春期は「自分が願われてこの世に生まれてきた存在なのか」という問いかけが生まれてくる時期でもある。児童養護施設で生活していた中学生が、幼少期に別れた実の父親に会わせろ、と施設職員に激しく要求してきた事例があったが、そこには「自分が願われてこの世に生まれてきたのか。自分の存在の必然性を確かめたい」という切ない願いが投影されていたと考えられる。

その意味では、ここで町から出ていった父が来て泡並くんと対話し、泡並くんへの謝罪と同時に「決して見捨てたのではない」と語ってくれたことは「自分は父親から見捨てられていない」「自分は願われてこの世に生まれてきた存在だ」という安心感を泡並くんの心に育んだのではないか。また、離婚して町から出ていくまでは泡並くんのアタッチメント対象だった父親が「自分のやりたいことをやりなさい」と語ってくれた言葉が、不登校状態ではあっても自分のやりたいことに取り組んでみようという意欲のきっかけになったことは間違いないであろう。

2 支援の課題

「ナナメの関係」、「並び合う関係」の活用

泡並くんが親年代の教師には心をなかなか開けず、比較的年齢の近い教師には心を開けたのはなぜだろうか。親や先生との関係は「タテの関係」であり、同年齢の仲間集団は「ヨコの関係」であるのに対して、この実践報告の鍋先生のような存在は少し歳の離れたお兄さん、お姉さん的な感じであり、「ナナメの関係」ともなり得るものであろう。

ちなみに、不登校生徒に対するメンタルフレンドの取り組みでは、大学生ボランティアなどの「ナナメの関係」を活用した支援が行われている。不登校の子どもたちにとってそこで勉強を教えてもらったり、話し相手になってもらったり、批判されることなく相談できるような存在は身近な「自己形成モデル」となる存在である。また、同じように意見を言われても、「ナナメの関係」にある相手から言われると受けとめやすく、むしろ子どもの方から「○○さんはどう思う?」とまっすぐに意見を求めてくることも少なくない。

澤田（二〇一九）は「ナナメの関係」の役割・機能として、①遊び・話し相手、②相談相手、③通訳・翻訳者（たとえば、タテの関係である親や年配教師の発言の意図などを子どもが受けとめやすいように翻訳して伝える）、④仲介者（たとえば、親子の関係がこじれている時に、両

者の思いを伝えて修復するための仲介をする)、⑤新しい視点・生き方・価値の提供者、⑥モデルとしての役割、をあげている。

鍋先生のような若い先生は、教師―生徒関係という点で言えば「タテの関係」だが、年齢的には歳の離れた兄、姉になるということもあり、実質的には「ナナメの関係」として機能しており、泡並くんが心を開いて話しやすかったと推測される。

また、鍋先生が泡並くんと一緒に釣りをしながら対話をしていたが、特に相手の評価のまなざしに対して過敏さを持つ不登校の子どもの場合、「向かい合う関係」よりも「並び合う関係」の方がありのままの自分の思いを安心して表現しやすかったのではないか。

精神科医の青木は「ながら」コミュニケーションの重要性を指摘している。

青木は以下のように述べている。(青木　一〇八―一〇九頁)

「人に対する不信感が基盤にある場合には、カウンセリングなどで一対一で話すときでも、セラピストに対して、頼りたい、でも恐いと心が揺れ動きやすく、不安定な関係となりやすい。そんな時、自分とセラピストとの間に『介在するもの』があるとコミュニケーションや関係が安定してくるように思う。何かをしながらのコミュニケーション、僕はこれを『ながら』コミュニケーションと呼んでいるが、それが関係を安定させやすいように思う。たとえば、手で何かを作ったりするのが好きな人には編み物、刺繍、木工や陶芸などで手を動かしながら、話すのがよいように思う。具体的な何かを介して人と繋がることができる。手を動かしていると、不思議なことに日常生活の困りごとの相談などが自然に話せたりする。何かの作業をしているときに、言葉が出てくるのである」

青木はセラピストとのコミュニケーションで説明しているが、これは学校の教員が相談に乗る時にも有効な指摘であろう。

実際、鍋先生と釣りをした後、ジュースを飲みながら、泡並くんが両親の離婚時の激しい不安や葛藤、悲壮な決意を語ることができたのも、「ながら」コミュニケーションの持つ力だったのではないだろうか。

また、鍋先生自身が自分の生い立ちを父の死も含めて自己開示していることも、泡並くんが自分のなかの「未解決の葛藤」を語る力になったことも事実であろう。教師自身の自己開示が有効であることは少なくないが、比較的年齢が近い「ナナメの関係」の他者の自己開示の方が子どもにとってより身近なものになりやすかったと考えている。

このようにして、鍋先生に泡並くんが「未解決の葛藤」を語り、整理できたことが泡並くんがもう一度他者や世界とつながっていくための大きな契機になったと考えられる。

思春期の自己存在を探求できる「第三の世界」の創造

さらにいうと、思春期の子どもにとって自分の存在意味を証明してくれる手ごたえのある活動との出会いが重要であろう。これには様々なものがあるが、厳しい農作業をしたり、震災のボランティア活動をしたり、あるいは保育園で小さな子どもたちのケアをすることで、「自分がこの世界で何かができるかもしれない」という希望を育んでいくことは少なくない。また、そこでの多様な「自己形成モデル」との出会いを通して、今まで縛られていた価値観を相対化し、新しい生き方や価値観を発見し、そこから新たな人生の見通しと希望を育んでいけるように支援していくことも大切な実践課題であろう。

泡波くんはその活動として太鼓を選んだ。太鼓は自分が働きかけた分だけ、明確な手ごたえが返ってくる楽器であり、その意味でも、それまでの生活で無力感や疎外感を抱えていた子どもにとっては自分の存在の確かさを感じられる活動である。さらに、そのような手応えのある活動は、その活動を媒介として仲間集団とのつながりを築く上でも大きな意味を持っていたと言えるのではないか。

そして、これらの活動は多くの場合、家庭（「第一の世界」）、学校（「第二の世界」）とは異なる「第三の世界」の中で展開していく。

思春期の子どもにとって「第三の世界」の持つ教育力は極めて重要である。泡並くんも学校外の公民館や港での文化祭であったがゆえに、学校のまなざしから解放されて能動的に参加することができたし、そこで自分の人生に対するささやかな自信と希望も育むことができたのではないだろうか。

今すぐには登校につながらなくても、この「第三の世界」の中で築かれた確かな手応えと自信が彼の人生への希望につながってくれることを願っている。

12 化粧・自分を傷つける

中2女子

▼どんな子どもか▲

✓派手な口紅を塗ってくる
✓カッターナイフで手首を切る
✓まゆげを剃る。ああ、反抗ばかり

◈関わり方◈

✓自前の取り組みや会をさせる
✓しょうもない会だが生徒は満足
✓達成感を積み重ねよう

〈教えて〉思春期の葛藤

1 小学校からいじめてきた子

「本当にもう、あいつ・・・」ロクさんは憤っていた。

「どうしたんですか？　また、つうさんのことですか」

「ぼくが授業をしに二年のクラスに入ったら、後ろのドアから出て行きました。そんなことでいいのか、と怒鳴っても無視ですよ」

ロクさんの怒りは倍増した。同学年の先生は声をかけたことを後悔した。

ロクさんこと、森六《もりろく》先生は体育の教員で、陸上部も担当し、地区大会では常に優勝している。県大会も優勝の常連で理事をしていた。強い部を作ることとさっぱりした性格で生徒や保護者から絶大な支持があり、ロクさんと親しまれていた。

そのロクさんが嘆いている生徒はつうさん、中学二年生だ。陸上部の有力選手のひとりで、彼女は春の地区大会で優勝し、秋の大会では県でもベスト三がねらえる位置にいた。ベスト三に入ると全国大会へ派遣してもらえる。ロクさんは、今回はこの子だ、と確信していた。

つうさんは中学に入学して、ロクさんから陸上部に誘われた。学習も上位に属する。気が強く、クラスの否定的な女子グループのリーダー。小学校では四年の頃から女子グループを作り、おとなしい子をけなす、デザートを奪う。それを批判した子を次のターゲットにする。六年ではつうさんが別な子と仲良くなり、真面目になろうとすると前の女子グループから、「あんただけ良い子になるつもりか」と連れ戻されたらしい。

2 期待は背負えない

夏休みが終わり、地区陸上まであと一ヶ月、練習はピークを迎えていた。

「今日は海辺を走ろう」ロクさんが部員と車に乗り込んだ。

「砂の上を走ると何倍も練習になる。各自、準備しておけ」

簡単な指示を出した。ロクさんはつうさんにもう一回言った。

「うるせえ、くそじじい・・・」

唐突な反応を返した。つうさんはくるりと背を向けて、反対方向へ歩き出した。

「そんなことで優勝できると思ってるのか。大会はもうすぐなんだぞ」

完全に拒否され、心底ロクさんは悔しかった。

「態度悪いんですよ。もともと悪かったけど、特に最近は。ただ、プレッシャーもあると思いますよ」

キャプテンの目はロクさんを通り越して、遠ざかるつうさんを見ている。派遣費用は地域の募金でまかなうし、優勝を期待する横断幕が正門に貼られている。

翌日、つうさんは口紅を塗り、ツケマをしてきた。

「なんだ、その化粧は・・・」

注意されると飛び出した。職員室にいる先生がつうさんを探しに行ってくれた。つうさんは中庭にある池の淵にしゃがんでいた。

「化粧を落としなさい」

養護教諭が微笑みながら、しっかりした声で言った。

「似合ってるでしょう?」

「うん、まあね。でも、化粧をしていない顔も素敵だわ。相談室に移動しようよ。あそこなら静かだし、一人になれるわよ」

通常、校則違反の生徒に注意すると、教室を飛び出すことは五〇%以上の確率で起きた。飛び出した子が学校の外に出てしまうと、他校の生徒とバイクに乗ったり、少年の運転する車に乗って、取り返しのつかない事態が起きた。

彼女は相談室へ歩き出した。そこには先客がいた。

「あっ・・・」

「あっ、じゃないわよ。お前もきたのか」

乱暴な言葉で先輩の女子が答えた。相談室担当の教師がパソコンで仕事をしながら、話の展開を待った。

「その化粧、ひどくねえ」

「つうだって人のことを言えるかよ」

ドアをノックする音がして、教頭先生がやってきた。

「つうさんの家庭に電話するからね」

「やめろー！　関係ねーだろ」

硬く突っぱねる。相談室の本が投げられた。

「教頭先生、まあここはひとまず職員室に戻ってください」

担当が間に入ってくれた。

「どうせ私なんか・・・」つうさんが嘆く。

「そうそう、おれたちなんか・・・どうせ」先輩もかみしめる。

「どうせのあとは、どう続くの？」先生はパソコンの手を休めた。

「どうせ私たちは最低だよ。教室にいても邪魔になるだけ。姿を隠すために化粧をしているのさ」

3 自分に向けたナイフ

次の週、遅刻してやってきた。見ると眉毛を剃っている。

（どういうことだ。許せない）ロクさんは相談室に連れて行った。「何があったんだ、どうしたんだ」自分の感情が止められない。

「黙ってないでなんとか言え。いいのか、このままで」

寄り添うことが大事という合言葉は頭からすっ飛んだ。感情が一気に湧き上がり、呼吸が荒くなった。ふたりはしばらく沈黙を守った。ロクさんが気合を入れて再び彼女を睨みつけた時、つうさんがカバンから何かを取り出した。そして、自分の手首に当て、サッと引いた。

「やめろ！」

間に合わなかった。けれども血は噴き出してはいない。

「刃は入ってはいませんよう」

カッターナイフを見せた。

（ああ、追い詰めすぎた・・・）ロクさんは寒々とした部屋で息を整えた。

「先生も父さんも命令ばかり。先生も父さんと同じ人間だわ。私は一番になんかなれない。そんな期待は背負えない。そもそも、お兄ちゃんとは違うのよ」

みるみる涙が溜まり、天井を見て、何を言っているのかしらという表情をした。この年頃の生徒は感情の起伏が早くて複雑だ。

4 顔が認識できない？

五時半に学校を出た。ロクさんは自転車をゆっくりこいでいる。つうさんの家に向かっていた。腕には痛々しいほどミミズ腫れの跡が残っているはずだ。

「ごめんください」

大きな声を、お腹の底から出した。二回目でカギが開いた。

「あら先生、どうしたんですか」

どうしたんですかと言われて、肩透かしを食らった気がした。電話で前もって知らせておいたのだ。

「今日の出来事をご説明しようとやってきました。追い詰めることになり、すみません」

カッターナイフのことが頭から離れず、身構えていた。

「家でもよくやるんですよ。気にしないでください」

こちらが責められるわけでもなく、ほんの一〇分もかからず、玄関を出ることになった。

（これで良いのか。これはどういうことなんだ）

相反するふたつの感情が浮かんでは消えた。

つうさんの家庭はお父さんが警備会社の重役。一〇歳以上若いお母さんはずっと家にいる。二〇代前半でお兄ちゃんとつうさんを産んでいる。お兄ちゃんは評判の良い子で、中学校では学力も部活もトップを走っていた。有名大学は間違いなしと太鼓判を押されている。妹は決してできないわけではない。ただ、途切れ途切れの情報から推理すると、お父さんは兄と妹を比較し、兄を見習えと説教をしているらしかった。兄は中学でのストレスを「お前はダメなやつだ」と、つうさんに向け、発散しているのではないか。

それだとお母さんはどうなるのか。運動会ですれ違っても、PTAで会っても、こちらが挨拶をしない限り、向こうから声をかけてくることはなかった。挨拶するとハッとしてロクさんを見る。そして、表情を和らげて返事を返してくれた。ロクさんを認知しているのだろうか。顔を認識できないのではないか。推理に推理を重ねた。

5 やり遂げた感がある

次の日から二週間、ロクさんはつうさんと会話しなかった。自分から話しかけるとこびることになりそうで嫌だった。心の中ではカチカチと気持ちがぶつかっていた。すると向こうから仲間を連れてやってきた。

「学級レクをしたい。一二月に計画したいんだけど」相棒に言わせている。

「あっそう、どんな」と上の空で聞きながら、注意したくなる自分を抑えた。

学級レクはロクさんからするとひどいものだった。つうさんと数人が話し合いの中心となった。実行したいスポーツをみんなで出し合い、全て受け入れ、好きな種目を選んで参加する。選手宣誓と感想発表はあったが、だらだら感の多い会で、いるだけでストレスが溜まった。

「どうなの。やってみて」ロクさんは自分に近い子に問いかけた。

「それが、楽しかった。こんなイベント、やっぱり良いですね」

「はあ、どこが・・・」

「正直に答えると、まるで自分たちでやり遂げたことってなかったんですよ。いつも先生の目を気にしてた。今回、初めてです。自分たちでやり遂げたなあと思える会は。それにつうさんを見直しました。こんな提案してくれて感謝です」

うーんと、しばらくロクさんは言葉の示すところを考えた。

三年になり、つうさんは表でも裏でもリーダーをしている。化粧は時々してくるが、眉毛は自前のものがある。

解説

「価値的自立」のプロセスをどう支援していけるのか

1　つうさんをどう理解するのか？

過剰な「教育期待」の中で生きづらさを抱える子どもたち

親や教師からの「過剰な教育期待」で精神的に追い詰められている子どもは決して少なくない。その生きづらさが一方では陰湿ないじめや教師反抗、他方では自傷行為として表出されることもしばしばである。

大河原（二〇一九）はそれを左記の図を使って説明している。（大河原　一〇〇頁）

つうさんは小学校時代から、父親をはじめとする大人の期待に応える「よい子」であることを強制されており、そこでの生きづらさや葛藤が陰湿ないじめとして表出されていたのではないだろうか。その意味では、つうさんは小学校段階から、いじめなどの問題行動を通して、その被抑圧感と生きづらさを訴えていたのではないか。しかし、それらの問題行動の背

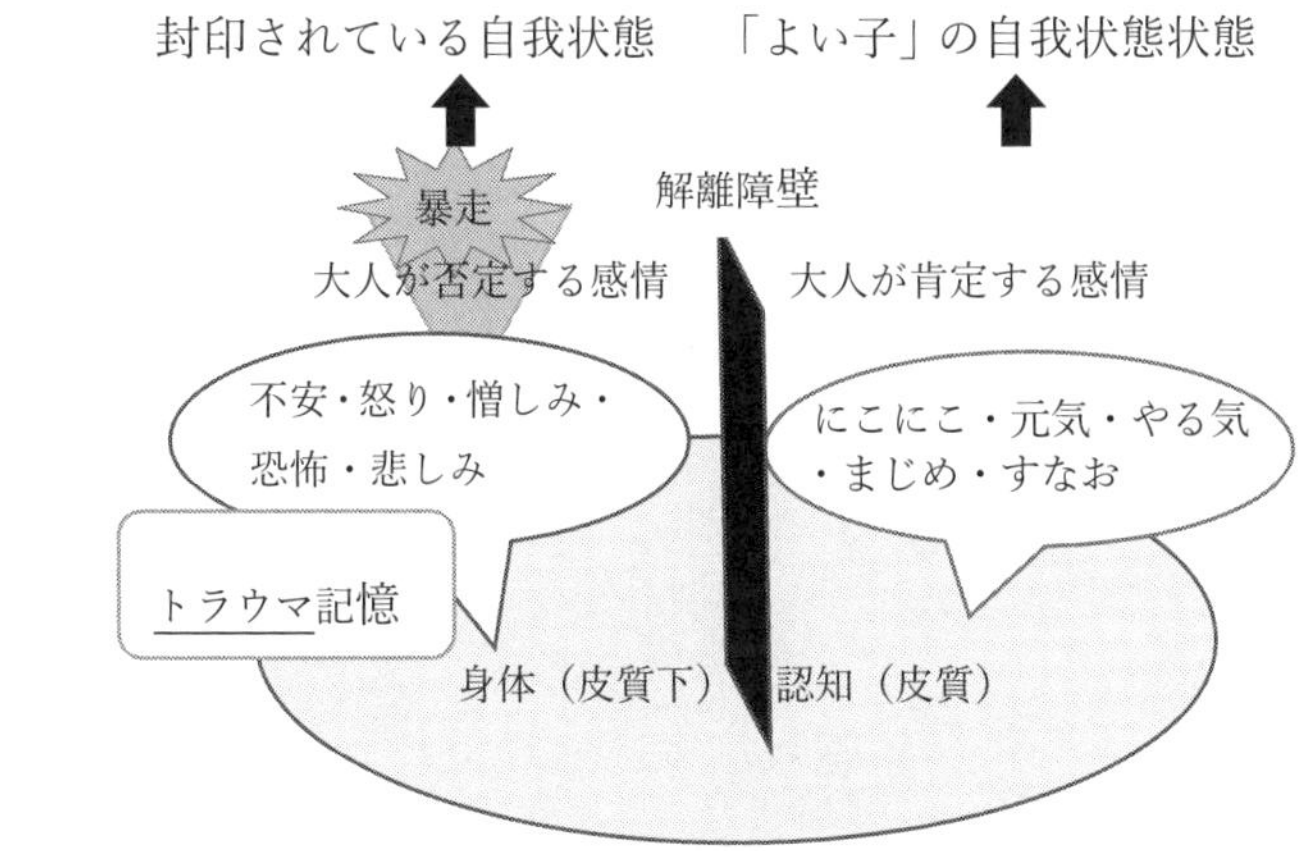

後にある彼女の生きづらさを誰も聴き取ることができなかったことが、問題がさらに先送りされることにつながっていた。

なお、これは父親や周囲の大人の期待に見事に応えている兄の場合も同様であり、その生きづらさをつうさんのようにまっすぐに大人に向かって表出できない分、たまったストレスは妹のつうさんへの暴言として表出されていたのかもしれない。このように一見すると大人の期待に応えている「よい子」の抱える生きづらさについても理解が求められている。

ところで、つうさんの母親は父親よりも一〇歳以上年下であり、若くして結婚、出産している。文章からは明確ではないが、人の顔を区別して認知できないという「相貌失認」の問題があった。もしかすると、つうさんの母親には何らかの発達特性の問題があり、そのことが母親の自信のなさと歳の離れた夫への一方的な従属につながっていた可能性も考えられる。いずれにしても、つうさんにとって、父親に一方的に従っている母親の姿は彼女の「自己形成モデル」には到底なり得ず、このことも彼女の未来像の描きにくさにつながっていたのではないだろうか。

思春期の「価値的自立」の葛藤

教師反抗と不登校では一見すると問題の現れ方はまったく異なっているように見える。しかし、親や先生の言いなりになるのではなく、「自分自身が納得できる生き方を見つけたい」という思春期の「価値的自立」のプロセスでのつまずきと葛藤という意味では共通したテーマがそこには存在している。（理論編二二三―二二五頁）

つうさんにとって、顧問の指導を受け入れて陸上競技を頑張り、成果をあげることは、父親や部活の顧問の価値観に従属することであった。これではつうさんはより深く大人の価値観に支配されることになり、つうさんの「価値的自立」のプロセスが一層困難になってしまうのは明らかであろう。

つうさんは「先生も父さんも命令ばかり。先生も父さんと同じ人間だわ」と痛烈な批判を教師にぶつけている。このような批判を教師が受けとめるのはとても苦しいことであろう。しかし、「価値的自立」という点で言えば、つうさんのあからさまな教師への反抗的態度は必ずしも否定的に捉えられるものではない。それは周囲からの期待に応える「よい子」であり続けることへの拒否であり、自分が納得できる生き方をしたい、という願いを表現するものであったと考えられる。

また、父親に対してよりも、ロクさんのような学校教員の方がつうさんにとっては自分の願いや葛藤を安心してぶつけられる対象だったのではないだろうか。その理由は、父親よりは自分の思いをわかってもらえるのではないか、という期待が少しはあったこと、また、父親から見捨てられたら生きていくこと自身が困難になるが、部活の顧問から見捨てられても生きていくことはできるからであろう。

彼女の化粧、眉毛剃りという行為も、自分自身の不安や葛藤を隠すための「心の鎧」であると同時に、身近な大人の期待を裏切る行為を通して、生き方や価値観のレベルでの自立を求めるもがきとして読みとる必要があったのではないか。

さらに、ロクさんとの関係で激しく衝突したつうさんは、最終的には自分の手首を傷つけるという行動をとっている。自傷行為は自分の抱え込み切れない不快感情を流す、という意味合いを持つことが多い。しかし、ここでの自傷行為はそうでなく、「絶対にあなたの言いなりにはならない」という強い自己主張だったように思われる。

思春期においては、このような問題行動や教師反抗から、その子どもの自立に向けてのもがきと葛藤を共感的に読み取っていくことが何よりも大切であると考えられる。

2 支援の課題

大人とは異なる思い、価値観を表現する権利の保障

つうさんは「私は一番にはなれない。そんな期待は背負えない。お兄ちゃんとは違うのよ」という言葉を教師にぶつけている。しかし、この言葉をまっすぐに担任であり、部活の顧問でもあったロクさんにぶつけられたことは「よい子の自我状態」で生き続けることへの拒否という意味で、彼女の「価値的自立」のための重要な一歩であった。さらに言えば、このようにしてつうさん自身が期待を向けられることへの苦しみを等身大に語ることができ、それを先生にも何とか受けとめられたことで、担任との間でも相互的な対話が成り立つ関係が生まれたと考えられる。このように、子どもたちが生き方や価値観の水準で大人に対して異議申し立てをする権利を保障していくことが大きな自立支援になるのである。

自治活動を通して価値を創造する主体となる権利の保障

今までは周囲からの過度の教育期待でストレスをため込み、いじめなどの陰湿な行動をし

てきたつうさんが、仲間と一緒に自分自身の手で学級のイベントを企画、実行しようとしたことには大きな意味があった。教師からみればろくな内容ではなかったのかもしれない。しかし、「先生の目を気にする」ことなく、自分たちの手で自分たちがやりたいことをみんなと一緒にやり遂げる活動は、つうさんと仲間との関係を大きく変革していくものであり、つうさんの「価値的自立」の重要な一歩となるものであったのではないか。

もはや「よい子の自我状態」に追い込まれることがなくなったつうさんは、もう「影で陰湿ないじめをする子」ではなく、「教師の期待に応えるよい子」でもない、主体的なリーダーとして活躍している。このような仲間集団のなかでリーダーシップを発揮していく体験こそが自分が納得できる生き方を発見、模索していく「価値的自立」のプロセスをより確かなものにしていくことを願っている。

あと一つ課題をあげるとすれば、彼女が「こんな大人になってみたい」と思えるような「自己形成モデル」との出会いの機会の保障である。養護教諭はつうさんたちが本音をぶつけられる対象にはなっていたが、自己形成モデルになっていたかどうかは定かではない。

キャリア教育が今日の学校教育では重要視されているが、「自分がこんな生き方をしたい」と思えるような多様な自己形成モデルとの出会いの機会を豊かに保障していくことも重要なキャリア教育の課題であるといえよう。

13

解離・デートDV

中3男子

▼どんな子どもか▲

✓付き合う相手を怒鳴る、なぐる
✓メールで「死んでやる」とおどす
✓だが、DVをしてないと言い張る
✓裏に父の暴力あり

◈関わり方◈

✓あなたの傷つきを語ってください
✓いい思い出はないのかと、聞き取りケアしたい

〈教えて〉
暴力の世代間連鎖

1 DV少年？

ワタルくんは剣道に燃えている。すらりとした長身で色白。目はキリッと釣り上がっていて、漂う危険性が人気だった。部活では副主将。活躍している。そのワタルくんから暴力を受けたと女子生徒が保護者に泣きついた。女子はワタルくんと中一の冬から付き合っていた。付き合うといってもメールのやりとりや、部活がない時に一緒に帰るというものだ。帰り道、お互いの好きなアニメや映画の話をするのが、ささやかな楽しみであり、大人になった気分にさせた。

女子も書道部に所属しており、練習が忙しくなると一緒に帰ることが減った。二年になるともっと練習が忙しくなり、一緒に帰ることは極端に減った。トラブルは帰り道に起きた。

「これから一ヶ月は大会の練習で一緒には帰れない。会えないと思う」

女子の言葉に、

「なんだとー。おれよりも部活が大事か」

バシーッ！

ワタルくんは脅迫的に迫り、女子の頬を衝動的にビンタしてしまった。

2 父の暴力

その夜、女子は父親に出来事を打ち明け、父は学校へ連絡した。翌日、ワタルくんは相談室に呼び出された。連絡を受けた先生は、

「こんなことがあったんだって？　相手が怖いと訴えているよ」

「いえ、そんなことはありません。していません」

まるで別人のように、きっぱり否定した。

だが、ワタルくんは彼女にメールを送り続けた。

「別れるんだったら死んでしまうぞ。いいのか」「別れないでくれ。きみがいなくなったら、ぼくはどうしたらいい？　おかしくなるぞ。おまえのせいだ」

毎晩一〇通、二〇通と送り続けられ、彼女は再び父親に相談し、学校へ連絡した。今度はメールが残っている。ワタルくんは両親とともに校長室に呼び出された。

「おまえはそんなことをしていたのか！」

父親はワタルくんをその場で怒鳴りつけた。そして、父の不快な感情は帰ってからも増すばかりで、ワタルくんに辛くあたった。

養護教諭の松任谷《まっとうや》さんは後日一連の出来事を知った。カウンセリング担当を買って出た。

「怒鳴られただけなの」

「いや、それだけじゃない・・・」

「たたかれた？」

「・・・・」

「つらかったねえ。つらかったでしょう」

「いや、・・・慣れてる。いつものこと。怒鳴ればいいと思ってる」

「お母さんは？　そんな時どうしているの」

「見て見ぬ振り、知らんぷり。これもいつも。一週間くらいして声をかけてくる。それまでは無視」

お母さんもDVを受けているかもしれない、予感がした。

「お母さんも大変ね。ワタルくんもよく耐えているね。だけど、どうしてメールを送りつけたの？」

「あいつが勝手だから。おれの流儀。まわりからDV少年って噂されて困っている」

「そうなんだ。余計につらいね。そこは力になれるかも。いいかしら」

「はい、でも、ぼくはなぐっていません。これからは部活に専念する」

ひときわ強くDVについては記憶にない、と語った。

3 脅迫メール

春の新人戦が終わり、三年生もいよいよ引退の時期を迎えた。剣道部はギリギリの人数だったが、準決勝まで進んだ。ワタルくんたちはいい気分で部活を卒業したはずだった。

「ワタルくんのことで相談がある」

松任谷さんのいる保健室を担任が訪れた。

「また別な女子生徒から、メールの件で相談されました。どうしよう。ようやく終わったと思ったのに、困ったものです」

担任は椅子を探して座った。いつになく切迫した表情だった。

「前回と同じ調子。今回はまだ暴力は振るっていないけど、メールをたくさん送りつけ、それで相手が萎縮しているらしい」

「わかった。今度は何回か定期的にカウンセリングすることになると思う。それでいい？」

引き受けるという答えはすぐに出たが、事情を飲み込むために一時間ほど話は続いた。

第一回目はその週に実施した。「部活は望んでいた以上に好成績だった。でも、大会が終わるとぽっかり穴が空いた気がした」と答えた。だが暴力に関しては、

「別に付き合っていたわけじゃない。それにメールを送った覚えもない」

整然と否定した。松任谷さんはメールをコピーしておけば良かったと構えながら、事実関係は生徒指導の担当がすることだと思い直し、DV少年という噂が収まっていることを確かめた。そして話題を、お父さんとは関係が修復されているのか、話はしているのか、に向けることにした。

「父は愛想のない人で、お互い無視しています。ちゃんとやっているかと母を介して聞かれるだけです。母さんは父さんよりマシです。ぼくと父さんの間を取り持とうとしています」

AIがニュースを読み上げるように感情を入れず答えた。

翌月は進路について質問した。剣道は高校でも続けたい。でも、希望の高校は自宅から遠く、寮に入る必要があり、父から費用的に拒否されたことを話した。ここでも父が壁として登場した。さらに父はスポーツ専攻科へ進学し、大学は体育大を選び、将来は整骨院かリハビリ関係をしたらいい。おれは家が貧乏で大学に行けなかった。おまえが実現しろ、と未来の地図を押し付け、もう我慢できないという顔をした。

4　大事にされた記憶

さらに次の月、一旦あきらめていた例の高校を、同じ部の生徒が受験するらしく、「おれのほうがうまいのに・・・」と変な恨めしさが生まれていることを話した。そして「父が費用のことばかり言う」、苛立ちを隠さなかった。しかし、変化も話してくれた。お母さんはお父さんが不在だと気楽に話しかけてくることや、お母さんとの会話は増えた。兄がいるのだが、「きっとみんな父が嫌だから家を出たんだ」と、一人暮らしをしていることを打ち明けてくれた。その兄が帰ってきた時だけが「気が安らぐ時間」であることも教えてくれた。

「お父さんやお母さんから大事にされた記憶ってありますか」

三回目、松任谷さんはワタルくんに人生を振り返ってもらった。

「大事にされた記憶ですか。うーん、少しもありません」

予想はしていたが、能面のような表情に驚いた。次の質問をする気が急に失せた。とっさに先生は自分のことを語り出した。

「私の父は医師で、私に病院を継げと言い続けてきた。まさに未来は決められていた。でも医学部に合格できず、看護大学にいって養護教諭になった。妹は優秀で、医学部に進学して跡を継いでいる。私は父からしたら出来損ないよ。何度、罵倒されたことか。看護大学に入学してすぐに不登校になった。病院に通い、父への不満を話したら、お医者さんからいい思い出はないのですか、と尋ねられた。ありませんと答えた。すると、ひとつくらいいい思い出があるはずです、と繰り返され、アルバムを探した。そしたら、一枚だけ海に泳ぎに行って、並んで写した写真を見つけた。あの時は妙に泣けてきた」

長く話してごめんなさい、とポケットからハンカチを出した。

「もう、今は仲直りしたんですか」

「父と？　父は二年前に亡くなって、やっと呪縛が消え、自由になれた気がする。病院も継がず、看護師にもならず、それがせめてもの復讐であり反抗だった」

翌月、ワタルくんの表情が少し明るかった。アルバムを探してはいないそうだ。命令ばかりしてくる父さんに、面と向かい「うるさい」と反抗した。逆ギレした父さんがなぐろうとしたのでその腕をつかみ、一〇分ほどつかみ合い、対峙したそうだ。これが自信になった。四日後、お母さんを通して「行きたい高校へ行っていいって、お父さんが話していたよ」と伝えられた。

ワタルくんはまあまあ剣道の強い、近くの高校に願書を出した。

「後悔はないの」松任谷さんの問いかけに、

「自分で決めたことです」

しっかり目を見て答えてくる。松任谷さんも視線を逸らさず続きを待つ。

「自分で決めたことが尊重されたことは今までないんです」

ワタルくんは「もういいですか」と席を立った。

5 誰もが闇を抱えている

松任谷さんは自分のライフヒストリーを飛ばして担任に伝え、

「先生は親と仲良く暮らしていたんですか」保健日誌を記録しようとノートパソコンを開いた。

「ぼくですか。・・・ぼくには父が三人いるんですよ。みんないい父でした。でも、次々再婚する母を受け入れられなかった。ぼくは山陰の田舎出身で、母は飲み屋をやっていました。それが子どもの頃は嫌で嫌でね。文句ばかり言っていたなあ。普通の家に生まれたかった、なんて何度叫んで、部屋の戸をバシーッと閉めただろう。今も地元に帰りたくありません。うーん、帰れない気もします。まだまだ、わだかまりがありますね」

松任谷さんはパソコンを閉じ、顔をあげた。部活にしか生きがいを見出していない、単純な教師だと思っていた。それが・・・。それぞれが闇を持っている。

「松任谷さんはどうしてカウンセリングを引き受けたんですか」

今度は背伸びをするように、こちらの心を覗き込んだ。

「どうしてかな」ひっそりした声を出した。

この頃めっきり寒くなってきた。保健室もそろそろストーブを炊かなきゃ、と思いながら日誌に戻った。

解説

ＤＶの世代間継承をどう乗り越えていくのか？

1　ワタルくんをどう理解するのか？

親密な関係性における暴力

思春期の子どもたちの間でのデートＤＶの問題は多くの国で問題になっており、カナダでは小学校時代のいじめが思春期に入るとデートＤＶに発展していく危険性が高いことも指摘されていた。

「別れるんだったら死んでしまうぞ。いいのか」「君がいなくなったらぼくはどうしたらいいのか？　おかしくなるぞ」等の言葉はＤＶ男性の典型的なセリフであり、それを中学生の男子生徒が語っていることには驚かされる。ちなみに、「死んでしまうぞ」という脅しも、直接に暴力を振るって相手を支配するのと同じ暴力（violence）であることは十分に理解されるべきであり、この言葉はまさしくＤＶの世代間継承の問題を感じさせるものであった。

ワタルくんは父親からの暴力を伴う支配をずっと受けてきた生徒であり、父親とは異なる意思や感情を持つことを許されてこなかった。そのことが付き合っている相手が自分とは異なる意思や感情を持って行動することが許せず、身体的、心理的暴力によって相手を支配する行動として現れていたのではないか。言い換えれば家族内の支配―服従の関係を「デートＤＶ」のかたちで再現してしまっていたと言えるであろう。

解離の問題

ワタルくんが自分が付き合っていた相手への暴力を「否認」していることをどう考えればいいのだろうか。虐待を受けてきた子どもは、その時の体験と感情を感じたらあまりにもつらいがゆえに、その体験を「解離」して自分を守ろうとしていかざるを得ない。その結果、自我状態は非連続なものになってしまう。もっとも解離が深刻化した状態は「多重人格障害」（バトナム　二〇〇〇　なお、ＤＳＭ―５〈精神疾患の分類と手引き〉では「解離性同一性障害」という名称に変更）と呼ばれる。多重人格障害は幼少期からの深刻な虐待（特に身体的、性的虐待）によって人格の統合機能が著しく脆弱にされた時に生じるものである。

もちろん、ワタルくんはそこまで深刻な状態ではないが、彼の中には父親に同一化し、父親の言動をモデルとして取り込んだ「自我モード」があり、それが彼女が自分の思い通りに行動してくれない時に瞬間的にスウィッチが入って表に出てきてしまい、自分が父親から受けてきたのと同じような暴力・暴言を振るう行為につながっていたと推測される。しかし、通常の自我状態に戻った時にはその「自我モード」の時の記憶があいまいになってしまうため、その行為を「否認」してしまっていたのではないか。そして、これはDVをしてしまう人には決して少なくない問題であり、このような解離が起こる原因の多くは幼少期からの虐待によるトラウマの問題が影響していると考えられる。（理論編二三九―二四〇頁を参照）

2　支援の課題

教員自身が自分の体験を語ることとの意味

養護教諭の松任谷先生はワタルくんの話を聴いていく中で自分の父親との関係を思い出し、自己開示をしている。直接に生徒の成績評価に関わらない養護教諭は、学校の教員ではあるが、思春期の子どもにとって「ナナメの関係」として機能する存在である。松任谷先生が自身の父親との葛藤を語り、そこから苦しみながらも自立していったプロセスを語ったことが、澤田が「ナナメの関係」で指摘した、「新しい視点・生き方・価値の提供者」としての役割を果たしたのではないか。そして、そのことがワタルくんが父親との葛藤を明確に意識化し、自分の思いをはっきりと父親に表出していく力をエンパワーしたように思われる。

当事者グループの持つ意義

このようにワタルくんは父親と激しくぶつかることで、父親とは異なる意志を表現し、高校も自分で選ぶことができたことは父親の引力圏から飛び出して「価値的自立」を成し遂げていく大きな契機になったのではないだろうか。

もちろん、これはワタルくんがもう父親に身体的には負けないパワーを持っていたからこそできたものであり、女子生徒の場合はむき出しの力では父親には勝てない。

ある中学校の女性教員は「父親との関係に苦しむ友の会」という自助グループを父親のアルコール依存や暴力に苦しむ生徒たちと一緒に行った取り組みを報告していた。

このように直接に親に自分の思いをぶつけられないとしても、親との関係で感じていた傷つきや葛藤を安全な場で等身大に表現し、受けとめ合える関係を築けるように援助していくことも思春期の子どもの自立の大きな契機になると考えている。

残された課題

ただし、この段階では自分自身のＤＶをしてしまったという事実にはワタルくんは向き合っていない。ワタルくんの心の中には依然として父親の暴力的な言動をモデルとして取り込んだ「自我モード」が存在しているように思われる。

そして、おそらく、高校に入り、新しい恋愛関係のなかで「見捨てられ不安」を感じさせる出来事が起こった時、この「自我モード」が出現し、ワタルくんが再びデートDVをしてしまう危険性は決して否定できないと考えている。それを乗り越えていくためには「自分も父親と同じことをしてしまっている」という現実にしっかりと向き合うこと、自分の中にある父親と同一化し、父親の言動を取り込んだ「自我モード」の存在に気づくことが必要であろう。

ちなみに、青木（二〇二〇）は「トラウマスウィッチ」を探すことの重要性を指摘している。（青木　九六頁）トラウマスウィッチが入るとそれまでは解離されていた「自我モード」が一気に活性化され、自分の意志では制御できない感情が噴出してきてしまうのである。それゆえに、そのスウィッチを援助者とともに明らかにすることは自分自身の外傷体験を見つめ、整理していくワークにもなるものであろう。

それと同時に、誰かを「自己形成モデル」としながら、「支配—被支配の関係」ではない、「お互いを大切にする関係」を体感として学んでいくことも必要な課題ではないか。それができて初めて、ワタルくんは真の意味で父親の呪縛から自らを解放していくことができるのかもしれない。その意味でも、お互いを大切にする関係のあり方を体験的に学ばせてくれる「自己形成モデル」との出会いの機会をどのように実現していくのかが今後の課題となってくると考えている。

5章

理論編

あの子はなぜ荒れるのか

子どもの「荒れ」の原因と支援の課題

ここまで、13の実践事例を紹介しながら、子どもたちの「荒れ」をはじめとする様々な行動問題に対する理解と支援の課題について考察してきた。

子どもの「荒れ」の原因は様々であるが、筆者は少なくとも以下の三つの視点からの理解が必要であると考えている。まず、一つめが発達論的な視点、二つ目が児童虐待を始めとする「逆境的小児期体験（ACE）」の視点、そして、三つ目が発達障害や知的障害の視点である。本章では、この三つの視点について、本書の実践事例にも触れながら説明していきたい。

その後、「荒れ」などのかたちで表出されている子どもの傷つきや葛藤を乗り越えていく教育実践の課題をトラウマインフォームドケアの問題に視点をあてて提起したい。

1節　発達論的視点からの理解

子どもの荒れの原因の一つに、それぞれの時期の発達（development）に必要な活動が奪われ、子どもたちが発達疎外状況に追い込まれていることがあげられる。

通常、「発達」と訳されている言葉の英語は development である。development とは、個々人の中にある潜在的な力や可能性が開花し、展開していくプロセスを意味している。発達疎外状況とは、その個人の development のプロセスが妨げられている時に生じるものであり、子どもの「荒れ」もそのことによって生じる場合も少なくない。

この点について、前著（楠・丹野〈二〇二二〉）でも、子どもの問題行動を自分たちの発達に必要な活動を求める「発達要求」として理解することの重要性を指摘した。（二一六—二一八頁）

また、ＡＳＤ（自閉スペクトラム症）などの発達特性を持つ子どもの場合、その発達の不均衡（杉山　二〇〇九　発達凸凹）なども影響して、定型発達の子ども以上に発達（development）のプロセスでつまずきが生じがちであり、そのことが荒れや問題行動の大きな要因になっていることも少なくない。

また、２節で述べる「知的にボーダーライン」（知能検査の結果がＩＱ70～84）の子どもたちは現在の診断基準では「知的障害」とは見なされないが、現在の学校教育のカリキュラムの中では小学校低学年の段階から学習疎外状況に追い詰められていく危険性が非常に高いことにも留意する必要があるであろう。

ここでは、今回、取り上げた実践事例を理解するための手がかりとなる子どもの発達のプロセスの問題について、いくつかの段階をとりあげて見ていきたい。

1 通常の場合、五歳後半から六歳頃の発達的特徴と教育指導

小学校低学年で「荒れる」子どもたちの中には五歳後半から六歳頃に育ってくる発達的な力が十分に育まれないまま就学を迎えた子どもが多く含まれている。たとえば、事例2、事例4、事例6の子どもの問題行動を理解していくためには、この時期の発達のプロセスへの理解は必要不可欠であろう。それだけに就学後も引き続き、その発達的な力の獲得に向けての指導・援助が求められてくる。ここではいくつかの局面に分けてみていきたい。

①系列化の力と文脈形成力

この時期はピアジェのいう「系列化」の力の獲得によって足し算、引き算などの計算を理解していくための発達的な基盤が生まれてくる時期である。

たとえば、「この紙に小さい丸からだんだん大きくして、一番大きな丸まで書いてください」という円系列の描画課題では、小さい丸から少しずつ大きくして系列的に丸を書くことができるようになる。(服部　二〇二〇　一五五―一五七頁)

この系列化の力の獲得によって、自分の生活体験を系列的につないで、「あのね・・・、えーっとね・・・」と文脈化してお話しする力が育まれていく。たとえば、「〇〇してな、そ

れから、電車でズーっといって、そこから船にのって、またズーっと行ったら・・・」というように、経験をたどって接続詞を入れながら話し、何度も言い直しながら文脈を作ってお話ししていくのである。（服部　一四七頁）

この文脈形成力は文字の読み書きの学習が「基礎学力」として定着していくための発達的な基盤である。それだけに、思わず語りたくなるようなワクワクドキドキする生活体験と、それを「あのね、えっとね・・」と言いながら一生懸命に系列的につなぎながら話すのを相槌を打ちながら聞いてくれる大人の存在が重要になってくる。

事例6で紹介した「五分間」の取り組みはこの文脈形成力を発達的な基盤にするものであると同時に、この取り組みによって文脈形成力をさらに確かなものにしていくという点でも重要であると考えられる。

②自己形成視（服部　一五〇頁）

この時期、「きのう、きょう、あした」「まえ、いま、あと」というような時間的な系列化の理解を基盤にして、過去と比べた現在の成長を誇りをもって感じつつ、さらに未来に向かって新しい課題に積極的に挑戦する意欲が育ってくる。この力を「自己形成視」と呼んでいる。この力を育むためには「できた」「がんばれた」というような肯定的な活動体験の積み重ねとそれをしっかりと承認してくれる身近な大人、さらには仲間集団との関係が必要である。たとえば「この前やった時はなわとびが三〇回しかとべなかったけれども、きょうは五〇回とべた。こんどは一〇〇回とべるようになりたい」というように、以前と比べた自分の成長やがんばりを身近な大人や仲間にも見てもらい、評価してもらえるような活動が重要になってくる。

その一方で、自己形成視の力の育ちが弱いと、新しい世界に入っていくことへの期待や喜びよりも不安の方が強くなりやすく、就学後に登校をしぶったり、それでも無理やり行かせようとすると、その激しい不安から暴れたり、暴力を振るうような事態も生じてくる。それだけに日々の生活の中でどれだけ「できた」、「がんばれた」と感じられるような肯定的な体験を保障し、自己形成視の力を育んでいけるかが、この時期の重要な実践課題となってくるのである。

③対人関係理解は一方向的

この時期（五歳後半から六歳頃）の対人関係理解はまだ一方向的であり、たとえば、「友だち同士でケンカになるときはどういう時？」と尋ねると、「友だちがいじわるしたから」、「友だちが遊びのじゃまをしたから」というように、友だちとのトラブルを双方の視点に立って理解することは困難である。しかし、適切な援助があれば、「自分が遊びに入れてあげなかったから」というように、自分の視点からだけではなく、相手の視点からケンカの原因を考えることもできるようになってくる。

それだけに、仲間との集団遊びや共同生活の場面でお互いの意見がぶつかる体験を保障しつつ、お互いの意見を相互的に調整し、「やる回数を同じにする」「順番にする」などのかたちで問題を解決していく経験を保障していくことが大切であろう。

④「教える力」の育ち

この時期、自分の視点から離れて相手の視点に立つ力が生まれ、自分から見た時の見え方と相手からみた時の見え方が違うということも理解できるようになってくる。たとえば、自分の右手の位置は相手から見れば左になることなどもわかってくる。（服部　一五五頁）

この「視点を変えて見る力」を育むためにも「教える機会」を保障することが重要であろう。なぜなら「教える活動」では必然的に相手からみた時の見え方を理解し、それに合わせて行動を調整していくことが求められるからである。

たとえば、事例2のひまわりさんの事例では、一色くんが「ぼくが教える」と言って支援員の方と同じようにひまわりさんに教えようとするシーンが出てくるが、教えるためには相手の視点に合わせて自分の行動を調整する必要が生まれてくる。その意味でも「教える力」を発揮することはひまわりさんのためだけでなく、教えている一色くんにとっても新たな学びや気づきが得られる体験であったと言えよう。

⑤「第三の世界」に飛び出していく力

この時期は仲間と「ぼうけん」「たんけん」のイメージを共有していくことを通して、家庭や園以外のいわば「第三の世界」に繰り出して活動を広げていく時期である。

事例4では、江戸川くんが教室にとどまることができず、学校の裏にある自然公園という「第三の世界」に行き、そこでの遊びに夢中になる様子が描かれているが、この「第三の世界」こそが江戸川くんの発達（development）、すなわち、江戸川くんの潜在的な力や可能性を開花し、展開していける世界であった。その意味では、教師からみれば困った行動であった江戸川くんの行動は、自らの発達に必要な活動を求める「発達要求」でもあったと考えられる。この実践ではこの「第三の世界」を教室でのダンボールを使った林や街づくりの製作活動の中に取り込み、仲間集団との共同や教え合いの取り組みを進めていたが、これは「第三の世界」でのぼうけん、たんけんの活動を江戸川くんだけでなく、広く仲間集団での活動へと発展させていく取り組みであったと言えるのではないか。

2　九・一〇歳頃の発達的特徴と教育指導（楠　二〇二〇）

通常の場合、九、一〇歳頃は「九・一〇歳の発達の節目」と呼ばれるような、具体的思考から抽象的思考への移行期であり、とりわけ障害をもつ子どもの場合、学習面、発達面でのつまずきが生じやすい時期として注目されてきた時期である。（脇中　二〇一三『9歳の壁』を越えるために　生活言語から学習言語への移行を考える」北大路書房）

とりわけ先に述べた「知的にボーダーライン」の子どもの場合、「九・一〇歳の発達の節目」を越えられず、当該学年の学習内容がまったく理解できない状況に追い込まれることもしばしば生じてくると考えられる。

ここではこの時期の発達的な特徴をいくつかの観点から整理していきたい。

①二方向的、相互的な変換操作の獲得

この時期の発達的な力を一言でいえば、「関係」を保存しながら二方向的・相互的な変換操作を行う力と言えるのではないか。例えば、「一m＝一〇〇cm」という関係を保存しながら「三m＝三〇〇cm」、「四〇〇cm＝四m」というように、どちらからどちらにも単位変換できる力、あるいは小数（〇・五）から分数（1／2）にも、分数（1／4）から小数（〇・二五）に

も変換できる力として表れてくる。
また、下位概念（例　船、飛行機、車、電車）から上位概念（例　乗りもの）に変換できるだけでなく、上位概念（例　金属）から下位概念（例　鉄、銅、アルミ）の名前をあげることもできるようになってくる。（楠　二〇二〇　一七三頁）

②相互的な対人関係理解の育ち

このような力と並行して、対人関係でもお互いの視点を行き来しながら考える力、相互的な関係理解の力も育ってくる。たとえば、対人関係のトラブルの際にも、一方からの見方だけではなく、「お互いの意見が合わなくてケンカになっちゃった」というように両者の視点を考慮しながら考えることができるようになってくる．

したがって、教育指導においても双方の視点から考える機会を保障することが重要であろう。たとえば、子ども同士のトラブルが起こったときに、お互いの視点（両者の思い、つもり）を書き出して外在化したり、ロールプレイのかたちで「再現」したりして、目に見えるかたちで両者の関係をとらえられるように援助していくことがお互いが納得できるかたちで問題を解決していく力の獲得につながっていくのではないか。

このような支援はとりわけＡＳＤなどの発達障害の子どもと他の子どもとの相互的な関係を

築いていく上でも重要であろう。

事例9では、先生が発達障害を持つ小美玉くんを理解するように他の子どもたちに一方的に求めた結果、「先生は自分たちの話を聞いてくれない」という不満を増大させていたが、方針を変えて子ども双方の思いを丁寧に聴き取っていく取り組みを行うことを通じて、子どもたちの不満も解消され、お互いの思いを考慮した問題解決が次第にできるようになっていった。

このように、障害の有無にかかわらず、様々な活動場面において仲間集団の中でお互いの視点を考慮して問題を解決していく機会を保障し、そのことを通して「自分の思いも相手の思いも大切にできる」力を育んでいくことができた時、子どもたちは「九・一〇歳の発達の節目」を自我・社会性の局面においても豊かに乗り越えていくことができるのである。（楠　二〇二一　一八六―一八七頁）

○

今日、コロナ禍によって子どもたちの自治的な活動の機会が著しく減少し、遊びや生活の中でお互いの視点がぶつかる機会、そしてお互いの視点を関係づけ、お互いが納得できるかたちで問題を解決していく機会が本当に奪われており、そのことが子どもたちの発達疎外状況をさらに深刻化させ、「荒れ」を生み出す原因の一つになっている可能性も決して否定できないのではないか。それだけに、子どもたちの自治的な活動機会の保障とその中で生じてくるトラブルの平和的な解決の経験を積み重ねていくことが、結果としてこの時期の「荒れ」の問題を克服していく上でも重要になってくると考えられる。

③自己客観視の力の誕生

この対人関係における相互的な理解にともなって、自分の性格や自分の言動に対する他者の評価をより客観的にとらえることができるようになってくる。田中は通常の場合、九、一〇歳頃が「自己客観視」の成立する時期とした。（田中　一九八七）たとえば、「自分はどのような人だと思いますか」という問いに対して、「はずかしがりです」「おこりんぼです」というような答えも返ってくるようになる。（楠　二〇二〇　一八〇―一八一頁）

しかし、この自己客観視の成立によって自尊感情が一気に低下する危険性も指摘されている。たとえば、小学校低学年の時期には「将来、何になりたい」と尋ねられて「バスの運転手」「学校の先生」と答えていた身体障害のある子どもが、この時期になると「身体に障害があり、運転手や学校の先生になりたくてもなれない自分」を客観視できるがゆえに、「何もない」と希望を見失ってしまうような事態も生じてくる。あるいは自閉スペクトラム症の子どもがこの時期、「ボクはみんなから嫌われている」「ぼくなんかいない方がいいんだ」という否定的な言動をすることも少なくないが、これもこの時期、周囲から向けられている否定的・批判的な評価が理解できるようになり、その評価を自分の中に取り込んで自尊感情を低下させてしまうことも影響している。

ちなみに、事例3の業平くんの「おれ、心がバラバラだ」という言葉は、この自己客観視の力が育ってきて、自分の願いと裏腹な行動をとってしまう自分を客観的に理解できるがゆえに生じた戸惑い、混乱を表現する言葉でもあったと推測される。

それだけに、この時期、様々な活動を通して大人だけでなく、仲間集団からの肯定的な評価に出会える機会を保障することで、「自分もクラスのために何かができるんだ」「仲間集団から評価・承認されている存在なんだ」と感じられるように援助し、自己肯定感を高めていけるように働きかけていくことが重要な実践課題になってくると考えられる。

④「集団的自己」の誕生と自治の力の発達

この時期、「我々意識」が強まり、お楽しみ会や遠足の計画などの際にも、「大人の手を借りずに自分たちの手でやりとげたい」という意欲が育まれていく。田中昌人はこの時期を「集団的自己」の誕生の時期とした。（楠　二〇二〇　一七四頁）

そして、自分たちで一つの取り組みをやり遂げた時には「自分たちの力でやれたんだ」という集団的な「自己効力感」を育んでいくのである。

その一方で、この「自分たちが・・・」という我々意識の強まりは集団のウチとソトの意識を強め、グループ間の集団的対立に発展したり、発達障害の子どもなどに対する「異質性の排除」としてのいじめを生み出す危険性も生じてくる。（楠二〇二〇　一七四頁）

ところで、この時期の「自治の力」を支えているものが、目標や全体を意識して計画する力の発達であろう。この頃、子どもたちは、活動のめあてや全体の枠を意識しながら計画を立てることができるようになってくる。たとえば、遠足の計画などでも、「九時に出発して、一六時には学校に帰ってこなければならないので、全体の時間は七時間」というように、全体の枠を意識しながら、行くまでの時間、滞在時間、帰るための時間、などを考えたプランを立てることも可能になってくる。それゆえに、子どもたちが魅力を感じられる行事や活動を、「自分たちの手でやり遂げたい」という意欲に支えられて主体的に計画、実行していく機会を保障していくことも重要であろう。

本来はこのような自治的な活動を活発に展開していく少年期であるにもかかわらず、子どもたちの潜在的な力を開花し、展開していく活動の機会が保障されない時、子どもたちは発達疎外状況に陥っていき、それが「荒れ」の引き金になっていくことも少なくない。子どもの「荒れ」を力で抑え込むのではなく、子どもの発達に必要な自治的な活動の機会をゆたかに保障することによって、「荒れる必要がない」教育実践を進めていくことが何よりも大切であると考えている。

3 思春期の「価値的自立」の過程と教育指導

事例11、12のような思春期の事例を理解していくためには、思春期の発達のプロセスについての理解は必要不可欠であろう。

たとえば、事例11では、思春期の「価値的自立」のプロセスにおける「自己形成モデル」との出会いや、発達のエネルギーを注ぎこめる活動が重要な意味をもっていた。

ここでは、思春期の発達のプロセスと支援の課題について考えていきたい。

①「自己形成モデル」を内面に取り込みながらのアイデンティティと未来像の模索

思春期（日本では中学生の時期）は生き方や価値観の面での自立が始まる「価値的自立」の時期であり、子どもたちは様々な「自己形成モデル」を内面に取り込みながら、自分の未来像を模索し始める時期であることは既に指摘した。（楠　二〇〇二　五四―五五頁）

また、この時期は、エリクソン（E.H.Erikson）がいうアイデンティティ（自我同一性）の模索が始まる時期であり、「なぜ、自分はこの世に生まれてきたのか」というような自己存在の必然性の探求が課題となってくる時期である。

しかし、現代社会における経済格差の拡大や貧困問題の深刻化は若い世代に深刻な影響を及ぼしており、多くの子どもたちが希望のある未来像を見いだすことができない状況になっていることも否定できない事実であろう。このような困難な状況をしっかりと受けとめつつ、どれだけ多様な社会参加の通路と「自己形成モデル」との出会いの場を保障し、子どもたちが自らの未来像を探求していけるように援助できるかが重要な実践課題になってくると考えられる。たとえば、事例11の泡並くんにとって、若い教師である鍋先生と高齢の太鼓の指導者が「自己形成モデル」との出会いになっていた。

また、その際には、学校時代に「優等生」だった人だけでなく、中学時代には荒れていたが、今は社会的に自立している人、あるいは進路の途中での挫折体験をもつ人にも話をしてもらい、多様な「自己形成モデル」と出会う機会をつくることも重要であろう。そのことが今は「荒れ」のかたちで思春期の自立のもがきや生きづらさを表出している子どもたちにも「自己形成モデル」との出会いを保障し、よりリアリティを持ったかたちで自らの未来像を模索していく機会につながると考えられる。

②既存の価値観を体現する大人との激しい対立や葛藤

この時期は既存の大人の価値観や考え方に対する異議申し立てが強まり、「第二次反抗期」と呼ばれるように、大人との対立や葛藤が先鋭化していく時期でもある。また、その際には、子ども自身が憧れる「自己形成モデル」が体現している価値観（たとえば、非行文化）を取り込みながら、そこを拠点として大人に対する激しい異議申し立てをしていく事態も生まれてくる。事例12のつうさんはまさしく、自分に生き方や価値観を押し付けてくる大人に対する異議申し立てを「荒れ」のかたちで表出していたと考えられる。

もちろん、思春期の自立の過程でのつまずきやもがきが「荒れ」ではなく、内攻的な表現形態をとることも少なくない。この時期の「価値的自立」の困難さ、大人との関係で価値観的に呑み込まれ、支配された状態に置かれてきた子どもの内的葛藤が激化し、思春期心身症（過敏性腸症候群、過呼吸発作、摂食障害など）やリストカット、思春期急性の不登校の問題が生じてくる場合もある。それだけに、それらの身体症状や問題の背後にある「価値的自立」に向けてのもがきや葛藤をしっかりと受けとめ、思春期の子どものもつ潜在的な力を適切に外在化していける活動や人間関係を保障することを通して支援していくことが重要な実践課題となってくる。

たとえば、事例12のつうさんの事例では、子どもたちの手で企画された「学級レク」は教師から見ればとても稚拙なものであったが、そうであったとしても、子どもたちの主体的、自治的な取り組みであったがゆえに、子どもたちにとっては自分たちで一つの「価値」を作り出していく貴重な機会となっていたと考えられる。

以上、三つの発達段階を取り上げて、各時期の発達のプロセスとその時期のつまずきや葛藤について整理してみた。子どもたちの「荒れ」も、発達（development）に必要な活動を求める「発達要求」として理解することが重要であり、そのためにも、各年齢段階での子どもたちの発達のプロセスを適切に理解しておくことが、子どもたちの「発達要求」に応答する教育実践のためにも必要不可欠であると考えている。

4 子どもの発達と子ども集団づくりの関係

最後に、このような子どもの発達のプロセスを踏まえた「子ども集団づくり」の課題について整理しておきたい。

このような子どもの発達のプロセスは決して子ども個人の中で完結していくものではなく、仲間集団とのつながりの中でこそ展開していくものであろう。

小学校低学年であれば、様々なルール遊びや学校や地域でのぼうけん、たんけん活動、さらにはストーリーのあるごっこ遊びを仲間集団で実行していくことが、子どもたちの連帯感を育み、子ども同士の共同や教えあいの関係を創造し、この時期の社会性の発達が成し遂げられていく。事例4の江戸川くんを中心とした魚釣り屋さんや街づくりの活動はまさしくそのような発達の世界を実現していく子ども集団づくりの取り組みであった。

小学校中学年以降であれば九・一〇歳頃の「計画性」の力の育ちを基盤にして自分たちの手でお楽しみ会の行事などを企画、実行していく中で「我々意識」をもった「集団的自己」を育んでいく集団づくりの取り組みが重要であろう。そのような取り組みを通して子どもたちは「仲間集団」の中に居場所を築き、そこを拠点として大人から心理的に自立していく力（「集団的自立」の力）を育んでいくのである。

また、そのような自治活動は他者との協働を必然的に伴うものであり、そこでは自分とは異なる意見や思いをもつ他者の視点も考慮した取り組みが必要不可欠になってくる。たとえば、みんなで協力して学級行事を成功させるためには、学級内にいる身体に障害のある子どもの「特別なニーズ」やASDなどの発達特性を持つ子どもの独自の考え方、感じ方など、多様な他者の視点も考量したかたちで取り組みを進めていくことが必要になってくるが、そのことが「多様性の尊重」への学びにもつながっていくと考えられる。

また、この時期はそれぞれの子どもの多様な興味・関心に基づいて学級内クラブ、自由な係活動などの自主活動の機会を保障していくことも重要であろう。そのような多様な自主活動に取り組んでいくことで、ASDなどの発達障害の子どもも「生き物クラブ」「鉄道クラブ」など、自らの興味・関心、さらにはこだわりに基づいて活動に参加し、活躍できる機会なども生まれてくると考えられる。

最後に思春期では、子どもたちの「価値的自立」のプロセスを一緒に歩んでいけるような子ども集団づくりが大きな実践課題となってくると考えられる。

今日、キャリア教育の取り組みが文科省から強調されているが、とりわけ思春期においては、自分の未来像の模索につながる「自己形成モデル」との出会いを多様なかたちで保障していく取り組みが重要であることは既に指摘した。

思春期の集団づくりでは、そのような「自己形成モデル」との出会いを保障するだけでなく、そこでのお互いの願いや不安を子どもたち同士が交流し合えるような取り組みが重要になってくるのではないか。

この時期、子どもたちは家族のこと、将来のことで深い悩みを抱えることも少なくない。それだけに、その悩みを一人で抱え込むのではなく、お互いの進路の悩みや不安を交流したり、家族の中での悩みなども共有していく取り組みができれば、「悩んでいるのは自分だけではなかった」という安心感にもつながると考えられる。さらには、そのような悩みや不安に共感し合いつつ、一緒に生きづらさを乗り越えていく社会的つながりを創造していくことも思春期の集団づくりの重要な課題であろう。

また、子どもたち自身の主体的な文化活動を通して、子どもたち自身の手で何らかの社会的価値を創造していける取り組みの重要性については既に指摘した。たとえば、合唱コンクールなどの文化活動は多くの学校現場で取り組まれているが、川崎恵美（二〇一六）の実践では合唱曲の歌詞の読み取りを通して、思春期の子どもたちが抱えている様々な不安、悩み、希望を交流しあう取り組みが行われており、このような取り組みを通じて、子どもたちはその歌詞のなかに自分たちの思いや願いを込めて歌うようになっていった。

多くの中学校で実施されている合唱コンクールも、このような深い思いや願いを交流する文化活動に発展させることができれば、思春期の子どもたちの「価値的自立」のプロセスを創造する子ども集団づくりの取り組みに発展させていくことができると考えている。

2節　逆境的小児期体験（ACE）の視点からの理解

1　逆境的小児期体験（ACE）のもたらす影響

子どもたちの荒れの問題を考える際には、児童虐待をはじめとする「逆境的小児期体験（ACE　Adverse Childhood Experience）」の影響は避けては通れないであろう。児童養護施設の施設長の山口修平は児童養護施設の子どもの問題（症状）として以下のような例を挙げていた。

・些細なことで感情が高ぶり、怒りを爆発させるが、その後、何事もなかったかのように接してくる。
・怒りが頂点に達したあたりの記憶がなくなるぐらい、興奮状態になる。
・怒ると過去の不満や怒りを持ち出してきて、さらにヒートアップする。
・注意されると無視したり、反抗したり、パニックを起こしたりする。
・人の不満に同調し、集団で大人に怒りをぶつける。不安定な子を煽る行動をする。
・眠れない、やる気がでない等、身体のあちこちの痛みや不調を訴える。

・周囲にどれだけ迷惑か、まったく考えない。
・「何をやってもうまくいかない」「どうせ私が悪い」といった否定的な考えを抱く。
・課題をやっても「やらされている」「押し付けられている」など被害的に捉える。
・すぐに性的な関係性に結びつく。

児童養護施設の子どもの多くが被虐待児であり、いくつもの逆境的小児期体験を生きてきたことを考えると、これらの問題行動が児童虐待をはじめとする逆境的小児期体験と関連していることは明らかであろう。

逆境的小児期体験とは「幼少期に起こる潜在的なトラウマとなるような出来事」のことを意味している。

亀岡（二〇二二）は以下のように述べていた。

「米国疾病予防管理センター（ＣＤＣ）が実施した逆境的小児期体験研究によると、一八歳までの被虐待体験、両親の離婚やＤＶ、家族の薬物乱用・精神疾患・服役などの経験が累積すればするほど、成人になってからさまざまな精神疾患や身体疾患、不適応行動のリスクが高まることが明らかになったのである。すなわち、逆境的小児期体験が累積すると、その後の神経発達不全を引き起こし、それが社会・情緒・認知面の障害につながり、心身の健康不全や社会

的不適応・行動上の問題として表面化し、さらには寿命にも影響する」（亀岡　一八頁）

今日の学校現場では程度の違いはあれ、このような「逆境的小児期体験」を複数抱えながら学校に来ている子どもも決して少なくないのではないだろうか。

本書の事例でいえば、事例1、事例2、事例3、事例10、事例13などはこれまでの成育史で、被虐待体験、あるいは逆境的小児期体験を一つ以上抱えた事例であったと推測される。

八木（二〇二二）は、「自分の身に起こっている苦痛な心身の症状や行動の問題が逆境体験に起因することが認識できないまま、周囲の子ども達と『同じように』はいかない不適応な自分を恥じ、周囲からの叱責や（悪意のない）励ましによってさらに傷つき、自己評価や自尊心はさらに低下して否定的自己観が強化される、という底なしの悪循環が繰り返されがちである」と指摘し、「支援者が子どもの行動や症状の水面下に潜むトラウマや逆境体験の存在とその影響についての気づきをもち、子ども自身がそれらを関連づけて理解できるように働きかけていくことが、適切な支援や治療の第一歩となる」と述べている。（八木淳子　二〇二二　一二頁）

2　逆境的小児期体験を生きてきた子どもが示す問題事象

児童虐待をはじめとする逆境的小児期体験をもつ子どもには下記のような問題が多くみられる。（楠　二〇〇二　九二―一〇四頁）

①大人との安定したアタッチメント（愛着）関係を形成することの困難さ
他者への信頼感が持てないため、本当はかまってほしいのにわざと攻撃的な言動をしたり、「厄介な行動」をして相手を振り回してしまう。

②感情コントロールの困難
自分自身の思いや感情を適切に理解したり、表現したりできないまま、不快な情動を爆発させて暴れたり、モノを投げたり、自傷行為を繰り返してしまう。

③周囲からのいじめや攻撃に対する無抵抗
対人関係でのトラブルやいじめなどのストレスがかかる場面では固まってしまい、自分を守るための適切な行動がとれない。

④自分の世界への閉じこもりと白昼夢、ファンタジーの世界に対する埋没
現実の生活や人間関係のつらさから逃れるために、自分の空想世界に埋没してしまう。

⑤力関係に対する過敏さと力による支配
人間関係を力関係で捉え、強い相手には迎合、服従し、逆に弱い相手、優しい相手には支配的・攻撃的に関わっていく。

⑥際限のない「甘え」とそれを裏切られた時の攻撃、他者を操作するための行動化
自分の寂しさを埋めてもらおうとして依存関係ができた他者にしがみつき、それを受け入れてもらえないと激しく暴れたり、他者を操作する行動を取る。たとえば、自分が先生に当ててもらえなかっただけで暴れたり、教室の窓から飛び降りる真似をする。

⑦虐待的な人間関係の「ごっこ的」再現
自分が受けてきた暴力や暴言、支配・服従の関係を学校や学童保育の人間関係の中で再現してしまう。

⑧「食」やモノ、お金に対する異常なこだわり

人間関係の中での安心感、安全感を奪われているため、モノやお金の世界で自分が安心できる場、自分がコントロールできる場を作ろうとする。たとえば、食べものを盗って机の中に貯めこむ。他の子どもの文房具を何度も盗む。

⑨経験から学ぶことの困難さ

激しく大人から叩かれたり、叱責されている時のように、つらい時には「心のスウィッチ」を切って何も感じないようにして自分を守ろうとする。その結果、過去の経験から学ぶことができないため、何度注意されたり、叱責されたりしても、また、同じ過ち、失敗を繰り返してしまう。

⑩自我状態の非連続的な変化

何らかの原因でスウィッチが入ると怒りを爆発させるが、その状態が過ぎると穏やかになり、何事もなかったかのように行動する、というように、その時々によって自我状態が大きく変化する。自分があるときにやった行為をその後に全く記憶していないこともある。

3 小児期逆境体験と複雑性ＰＴＳＤ

逆境的小児期体験をいくつも積み重ねてきた子どもの中には、複雑性ＰＴＳＤの様相を示す子どもも存在している。

以下に世界保健機構（ＷＨＯ）のＩＣＤ11（国際疾患分類第11回改訂版）のＰＴＳＤ、複雑性ＰＴＳＤの診断基準を記載する。

◆ＩＣＤ11 心的外傷後ストレス障害 (Post traumatic stress disorder)

ＰＴＳＤは著しい脅威や恐怖をもたらす出来事に曝露された後に出現し、以下の三つの症状のすべてによって特徴づけられる。

（1）トラウマの再体験。鮮明な侵入的回想、フラッシュバック、悪夢の中での再体験。

（2）回避。トラウマを思い起こさせる考え、記憶、活動、状況、人を避ける。

（3）持続的な過覚醒状態。例えば、予期しない雑音に対して過剰な覚醒状態となったり、過剰な驚愕反応を示したりする。

症状は少なくとも数週間持続し、社会生活に深刻な障害を生じさせる。

◆複雑性心的外傷後ストレス障害（Complex post traumatic stress disorder）

複雑性ＰＴＳＤは最も一般的には、逃れることが困難もしくは不可能な状況で、長期間／反復的に、著しい脅威や恐怖をもたらす出来事に曝露された後に出現する。

（例：拷問、奴隷、集団虐殺、長期間の家庭内暴力、反復的な小児期の性的虐待・身体的虐待）

診断はＰＴＳＤの診断に加えて、以下に示す深刻かつ持続する症状によって特徴づけられる。
（1）感情コントロールの困難さ。
（2）トラウマ的出来事に関する恥辱・罪悪・失敗の感情を伴った自己卑下・挫折・無価値感。
（3）他者と持続的な関係を持つことや親近感を感じることの困難さ。
これらの症状は、個人・家庭・社会・教育・職業・その他の重要な領域で深刻な機能不全をもたらす。

今回、とりあげた実践事例の中には複雑性ＰＴＳＤが疑われるほど深刻な事例はなかったように思われるが、山口が児童養護施設の子どもの問題で指摘していた「些細なことで感情が高ぶり、怒りを爆発させるが、その後、何事もなかったかのように接してくる」「怒りが頂点に達したあたりの記憶がなくなるぐらい、興奮状態になる」「怒ると過去の不満や怒りを持ち出してきて、さらにヒートアップする」などの行動は、この複雑性ＰＴＳＤの症状の「トラウマの再体験」や「感情コントロールの困難さ」から理解できるものであろう。

その意味でも激しい「荒れ」を示す子どもの背後に持続的な外傷体験、複数の小児期逆境体験が存在する可能性については十分に理解しておく必要があると考えている。

また、「荒れる」というかたちをとらない場合でも、逆境的小児期体験によって自我の統合が脅かされる事態が生じてくることも理解しておく必要があるであろう。

大河原（二〇一九）は次のように述べている。

「小さいときからたくさんの我慢を重ねて、心の怪我が何層にも重なっている状態にあるときには、複雑性トラウマを抱えていることになります。小さな心の怪我や大きな心の怪我が複雑にからみあって、それが日常生活の中に入り込んでいる場合には、生きていくために、心の中に『仕切り』をつくって、つらいと感じないでいられる自分を維持しようとする機能が働きます。その結果、心の中には複数の自我状態（Ego State）が生み出されていきます」

大河原のいう「複雑性トラウマ」はＩＣＤ11の「複雑性ＰＴＳＤ」と同じものではないが、大河原は複雑性ＰＴＳＤで挙げられている長期間の家庭内暴力や反復的な小児期の性的虐待・身体的虐待ほど深刻な外傷体験でなくても、ずっと継続的に子どもの心が抑圧、傷つけられる状態が続くと「複雑性トラウマ」を抱えることがあると指摘している。

大河原は「環境に応じて複数の自我状態が反応するということ自体は正常な脳の機能」であ

り、「この場合、抱えている記憶は共有されており、ある程度意識的に自我状態の使い分けもでき」るとする一方で、「複雑性トラウマが症状化すると、複数の自我状態（モード）が記憶のつながりをもたずに独立した行動をとってしまうため、自分を制御できないという苦しみの中で否定的な自己感を抱えることにな」るとしている。

先ほど述べた「些細なことで感情が高ぶり、怒りを爆発させるが、その後、何事もなかったかのように接してくる」という状態は、「怒りを爆発させている」自我状態と、その後の穏やかな自我状態は明らかに異なっており、それが非連続に変化していることを示唆している。

また、このようにみていくと、事例12のつうさんの兄は「よい子の自我状態」と「封印された自我状態」の二つの自我状態が統合できないまま、つうさんへの暴言として問題を表出していたと言えるのではないか。それだけに、つうさんへの暴言として表出されていた「封印された自我状態」を排除するのではなく、「心の叫び」としてしっかり受け入れていくことで複数の自我状態の統合を図っていく援助が重要になってくるのである。

さらに、事例13のワタルくんは、自分自身が彼女に暴力を振るった事実を完全に否認していたが、これは大河原が「複数の自我状態（モード）が記憶のつながりをもたずに独立した行動をとってしまう」状態であった可能性が推測される。

それだけに、このような複数の自我状態（モード）が生まれざるを得なかった外傷体験を彼自身に語ってもらいながら、自我の統合に向けての援助が必要になってくると考えられる。（大河原　二〇一九　一〇一―一〇三頁）

もちろん、これは本来は心理療法の課題である。しかし、日々の教育実践の中でも「封印された自我状態」を「荒れ」や自傷行為のかたちで表出する子どもの姿に出会うことは決して少なくない。それだけに、子どもの問題行動の背後にある「封印された自我状態」、問題行動のかたちで表出されている子どもの「心の叫び」をしっかり受けとめることを通して、子どもが自らの複数の自我状態を統合できるように援助していくことは、日々の教育実践の中でも要請されている課題なのではないだろうか。

4 保護者自身の逆境的小児期体験や「未解決の葛藤」への理解の必要性

それと同時に、子どもの保護者の中にもこのような外傷体験を子ども時代に、あるいは成人後のＤＶ被害などの中で経験し、それが「未解決の葛藤」となって子育てや大人同士の関係に投げ込まれている事例が少なくないことにも留意する必要がある。

「未解決の葛藤」とは、過去の葛藤や喪失体験のうち、現在も肯定的意味が見出せない、ネガティブな感情のことであることは既に指摘した。

子ども時代の場合、否定的な被養育体験や心的外傷となる体験が「未解決の葛藤」を作り出す原因となる。成人期以降の場合でも、兄弟や配偶者の死や重篤な病、事件・事故や災害、DVの被害などの外傷体験が適切に心理的に処理されないと、「未解決の葛藤」としてその後の人生に影響を及ぼす危険性が生じてくる。

たとえば、事例1ではひなたくんの母親が「元夫から受けたDVがフラッシュバックして夜眠れません」と訴えていた。事例2では、ひまわりさんの母親が「子ども時代にいじめられた経験があること」を繰り返して語り、その外傷体験がいまだに未解決であることが示唆されていた。ひなたさんの父親が「学校なんか信用ならん」と怒鳴る背景にも、子ども時代の学校での傷つき体験が「未解決の葛藤」となっていることが推測された。

このように一見すると理不尽に見える保護者の言動の中に子ども時代の外傷体験や「未解決の葛藤」が投げ込まれていることは決して少なくないのである。それゆえに、保護者の攻撃的・拒絶的な言動の背後に、どのような「未解決の葛藤」が存在しているのかに思いを馳せることも、困難ではあるが、重要な支援の課題となってくると考えられる。

3節　発達障害・知的障害の視点からの理解

本書で紹介した実践事例の中には、医療機関で発達障害の診断を受けている事例10以外にも、ASD、ADHDなどの発達障害の傾向を持つ子どもの事例が多くみられた。たとえば事例2、3、4、5、6、7、8、9は、もしも専門の医療機関にかかればASDないしはADHDなどの診断名が出された可能性が推測される事例である。また、事例2などは知的にボーダーラインの可能性も推測される事例であった。ここでは、ADHDとASD、それから知的にボーダーライン（境界知能）の三つについて簡単に説明しておきたい。

1　ADHD（注意欠如・多動性障害）の診断基準について

本書の事例でいうと、事例2、事例3、事例4、事例6の子どもに関しては、未診断ではあるが、ADHDの診断基準を満たす事例であると推測される。

ここではアメリカ精神医学会が出している「精神疾患の分類と診断の手引き」第五版（DS

M―5）における注意欠如・多動性障害（Attention Deficit Hyperactivity Disorder）の診断基準について、その簡略版を紹介する。

不注意及び／または多動性―衝動性の持続的な様式で、機能または発達の妨げとなっているもの。

以下のA、B、C、D、Eの要件を満たしていること。

A1：以下の不注意症状が六つ（一七歳以上では五つ）以上あり、六ヶ月以上にわたって持続している。

a．細やかな注意ができず、ケアレスミスをしやすい。
b．注意を持続することが困難。
c．上の空や注意散漫で、話をきちんと聞けないように見える。
d．指示に従えず、宿題などの課題が果たせない。
e．課題や活動を整理することができない。
f．精神的努力の持続が必要な課題を嫌う。
g．課題や活動に必要なものを忘れがちである。
h．外部からの刺激で注意散漫となりやすい。
i．日々の活動を忘れがちである。

A２：以下の多動性／衝動性の症状が六つ以上あり、六ヶ月以上にわたって持続している。

ａ．着席中に、手足をもじもじしたり、そわそわした動きをする。

ｂ．着席が期待されている場面で離席する。

ｃ．不適切な状況で走り回ったりよじ登ったりする。

ｄ．静かに遊んだり余暇を過ごすことができない。

ｅ．衝動に駆られて突き動かされるような感じがして、じっとしていることができない。

ｆ．しゃべりすぎる。

ｇ．質問が終わる前にうっかり答え始める。

ｈ．順番待ちが苦手である。

ｉ．他の人の邪魔をしたり、割り込んだりする。

Ｂ：不注意、多動性／衝動性の症状のいくつかは一二歳までに存在していた。

Ｃ：不注意、多動性／衝動性の症状のいくつかは二つ以上の環境（家庭・学校・職場・社交場面など）で存在している。

Ｄ：症状が社会・学業・職業機能を損ねている明らかな証拠がある。

Ｅ：統合失調症や他の精神障害の経過で生じたのではなく、それらで説明することもできない。

多くのＡＤＨＤの子どもには実行機能の障害があることが指摘されている。たとえば、その課題の遂行にとってさしあたって必要ではない刺激には抑制をかけ、注意が逸れないように保ち続けることも実行機能のはたらきの一つであるが、実行機能に弱さがある場合、当初の目的をたえず意識して他の刺激に抑制をかけることが困難なため、他の興味を引く刺激が入ってくるとすぐにそちらの方に気をとられ、当初の目的そのものを忘れてしまうというような事態も生じてくる。いわゆる不注意の問題である。

また、ＡＤＨＤの子どもは幼児期の自我・社会性の発達課題（例えば、四歳頃の「自制心の獲得」、五歳後半の「自己形成視」の力）を積み残したまま就学を迎えることが多い。（楠・丹野　二〇一二　一九三―一九四頁）

たとえば、事例4の江戸川くんは幼児期の「自制心」（藤野　一三〇頁）の獲得の段階でのつまずきを抱えて就学を迎えた子どもであると推測される。

しかし、「自制心」は子どもに「我慢させる」ことによって育つ力ではない。ＡＤＨＤの症状には大脳新皮質の神経生理学的な未成熟の問題が関係しているだけに、ぼうけん、たんけん活動や身体接触を伴う遊びなどを保障しつつ、神経生理学的な成熟を促すこと、そして、教師や支援員とのあいだに確かなアタッチメントの関係を築きつつ、大人との信頼関係に支えられて、見通しのなかで頑張る力を育むことが重要になってくる。

2 ＡＳＤ（自閉スペクトラム症について）

ＡＳＤの特性は決して固定的なものではなく、子どもの発達のなかでその状態像も変化していくが、ＡＳＤの発達特性に関する基本的な理解があると、ＡＳＤの子どもの“view”（見え方、感じ方）への共感的な理解がしやすくなる場合も少なくない。

ここではＡＳＤの診断基準と主要な特徴について簡単に整理しておきたい。

ＡＳＤ（自閉スペクトラム症　Autism Spectrum Disorder）の診断基準について

ＡＳＤの診断基準はアメリカの精神医学会の「精神疾患の分類と診断の手引き　第五版」（ＤＳＭ―５）に掲載されているが、ここでもその簡略版を紹介する。

複数の状況で社会的コミュニケーションおよび対人的相互反応における持続的な欠陥があり、

以下のA、B、C、D、Eを満たしていること。

A：社会的コミュニケーションおよび相互関係における持続的障害（以下の三点で示される）。

1．社会的・情緒的な相互関係の障害。

2．他者との交流に用いられる非言語的コミュニケーションの障害。

3．年齢相応の対人関係性の発達や維持の障害。

B：限定された反復する様式の行動、興味、活動（以下の二点以上の特徴で示される）。

1．常同的で反復的な運動動作や物体の使用、あるいは話し方。

2．同一性へのこだわり、日常動作への融通の効かない執着、言語・非言語上の儀式的な行動パターン。

3．集中度・焦点づけが異常に強くて限定的であり、固定された興味がある。

4．感覚入力に対する敏感性あるいは鈍感性、あるいは感覚に関する環境に対する普通以上の関心。

C：症状は発達早期の段階で必ず出現するが、後になって明らかになるものもある。

D：症状は社会や職業その他の重要な機能に重大な障害を引き起こしている。

E：これらの障害は知的能力障害または全般的な発達遅延ではうまく説明されない。

ここではＡＳＤの発達特性について、より詳しくみていきたい。（楠　二〇一二）

感覚過敏

ＡＳＤの子どもには特定の音が苦手、光刺激に過敏である。身体に触れられると強い痛みを感じるなどの感覚過敏の問題がある場合が多くみられ、定型発達の子どもにとっての「ふつう」の世界がＡＳＤの子どもにとっては激しい苦痛や不快感、恐怖に満ちた世界に感じられる場合も少なくない。

「心の理論」の障害

「心の理論」とは「他者の考え、気持ちを把握する能力」のことであり、通常の場合、四歳頃になると、他者の気持ちや感情を直感的に把握できるようになるとされている。しかし、ＡＳＤの子どもの場合、「心の理論」の獲得が大幅に遅れるために、相手が嫌がっていることに気づかずに同じ言動を繰り返したり、比喩や冗談が理解できず、字義どおりに解釈して怒り出したりしてしまい、そのことで仲間集団内のトラブルに発展する危険性も生じてくる。

実行機能（遂行機能）の障害

実行機能（遂行機能）とは自分の行為を計画（プラン）、実行、監視（モニター）、修正する心理機能のことである。実行機能は、たとえば、予定が急に変更になった場合、電車が大幅に遅れた場合などに、自分の当初の計画（プラン）をその状況に合わせて修正し、新たな計画を立てて課題に取り組むためには必要不可欠な力である。実行機能に弱さがあると、「当日になって時間割の変更を告げられる」「前の授業時間が伸びて休み時間がなくなってしまった」というだけで混乱してパニックになってしまう事態も生じてくる。

同時遂行機能の困難さ

ＡＳＤの子どもの場合、たとえば、「おやつを食べながら、話し合いに参加する」「先生の話を聞きながら、ノートにそのメモをとる」というような、複数の行為を同時に行うことが極めて苦手である。しかし、このような困難さを周囲にはなかなか理解してもらえず、「なぜ話し合いに参加しないいんだ」「なぜノートをとらないいんだ」と注意されたり、叱責されてしまい、パニックになる事態なども生じてくる。

全体知覚（まとまった知覚）の困難さ

全体知覚の困難さがあるため、教科書の読むべき箇所を見つけられない、先生の話のポイントがつかめない、自分が話をする場合でも、相手に伝えるべき情報はどの部分なのかが理解できないまま、不必要なことまで話してしまう、などの問題が生じてくる。

タイムスリップ現象（フラッシュバック）

タイムスリップ現象とは、以前体験した不快だった出来事が、あたかも今生じているかのように思い出されてくる現象をさしている。ＡＳＤの子どもの場合、一度不快な記憶ができてしまうとなかなかその不快感が消えていかず、突然、そのときの記憶が現在にタイムスリップしてきて、そのときの不快な情動に支配されてしまうことがある。実際、このタイムスリップ現象が引き金となってパニックや他者への攻撃的言動が生じる場合も少なくない。

二分的評価の強さ

たとえば、「敵か味方か」、「好きか嫌いか」の二分的評価が非常に強く、食べもの、教科、先生などに対する極端な好き嫌いが見られる場合も少なくない。

また、物事を捉えるときの「○か一○○か」の思考も強くなり、少しうまくいかないと「ボクなんか生まれてこなければ良かったんだ」というような自己否定に向かったり、「すべてお前が悪いんだ」というような他者攻撃に向かうこともしばしばである。

このようなＡＳＤの子どもの発達特性が理解できていると、一見すると不可解な言動や困った行動の背後にあるＡＳＤの子どもの“view”（見え方、感じ方）を共感的に理解することもできるのである。しかし、多くのＡＳＤの子どもがこの独自なviewを理解してもらえないばかりか、周囲からの叱責や非難を受けてしまい、そこでの傷つきや葛藤を「荒れ」というかたちで表出するしかない事態がしばしば生じてきているのではないだろうか。

ところで、児童精神科医の杉山登志郎は「発達凸凹＋適応障害＝発達障害」という提起をしている。多くの発達障害の子どもは発達の領域間のアンバランス、不均衡を抱えている。しかし、事例４、事例５のようにその子どもの得意なところが活かされていくような環境が保障されれば、仲間集団の中で豊かな個性として発揮されていく場合も少なくないのである。

しかし、一クラスに三〇名以上の子どもがいる通常学級の中で、ＡＳＤの子どもの発達特性に合わせた学習や活動の機会を保障していくことは困難な場合も多く、その結果、ＡＳＤの子どもが「適応障害」を起こし、それが「荒れ」や激しい問題行動につながる事態も生じてくると考えられる。

3 知的にボーダーライン（境界知能）の子ども

知的にボーダーライン（境界知能）とは、知能テストのデータで七〇から八四のことであり、知的にボーダーラインの子どもは統計的には七人に一人と言われており、三五人学級であれば、五人ぐらいが該当しているとされている。（詳しくは古荘〈二〇二四〉の著書を参照されたい）

本書で報告された実践事例の中では、事例2のひまわりさんなどは検査をすれば、知的にボーダーラインの判定がでた可能性はあったのではないかと推測している。

ところで、知能指数というと、先天的に決定しているように誤解されるが、実際には生後の子どもを取り巻く発達環境が大きく影響していることには留意する必要がある。

この「知的にボーダーライン」の子どもは、法律的には「知的障害」にも「発達障害」にも入らないため「忘れられた子どもたち」とも言われてきたが、近年は「ケーキの切れない非行少年たち」（宮口幸治）が一五〇万部のベストセラーになり、NHKも特集番組を組むなど、ようやく社会的な問題として認知されてきた。

高橋他（二〇二四）は、少年院に在籍している境界知能の子どもたちはほぼ全員、親・家族からの激しい虐待、養育放棄・ネグレクト、学校における教育放置等で深刻な大人不信・愛着障害があることを指摘している。このようなネグレクト・愛着障害の状況は事例2のひまわりさんについても一定当てはまる状況であろう。

知的にボーダーラインの子どもは「知的障害」とは診断されないがゆえに、療育手帳も支給されないし、原則的には特別支援学級にも措置されず、「特別なニーズ」に対する合理的配慮を少なくとも制度的には受けられない状況にある。そのために多くの子どもたちが、通常学級で同一の教育内容を課され、課題が理解できていないにもかかわらず、「暗記しなさい」「答えを写してでも提出だけはしなさい」と要求されて学力としては定着しない課題を強制されてストレスを抱え込むだけでなく、自己肯定感を低下させられている。そこでの傷つきや苛立ちが時には「荒れ」や暴力の問題として表出されてきていると言えるのではないか。

その意味でも子どもたちの「荒れ」の一つの背後に「知的にボーダーライン」の子どもの問題が存在している可能性についても検討していく必要があると考えられる。

4　発達障害・知的障害とトラウマ

亀岡（二〇二二）は発達障害とトラウマの関連について、以下のように述べている。

「ASDの子どもはASDではない子どもに比べて、近隣の暴力、両親の離婚、トラウマ性の喪失、貧困、家族の精神疾患や物質濫用などの逆境的小児期体験のリスクが有意に高いことが

判明している。この傾向は低所得家庭でより顕著であることも報告されている」。（亀岡　八〇頁）

「ＡＳＤ児者は、その知覚や情報処理の違いによって、日常の様々なできごとをトラウマとして認識し、より多くの混乱や無力感を経験することも指摘されている。さらに、予期せぬできごとに柔軟に対応することが苦手なＡＳＤ児者は、トラウマやＡＣＥ（逆境的小児期体験）に対しても硬直的なとらえかたをしたり、その記憶を感情的に反復したり、回復を促す柔軟な視点への転換が難しい場合が多い」（亀岡　八一頁）

「ＡＳＤとして困難な生活でさまざまなストレスが累積している状態にトラウマ体験が加わることで一気に全体のストレス量が飽和状態に達し、ＰＴＳＤ症状に加えて重篤な解離症状などを示す症例もある」（亀岡　八五頁）

「周囲からの嘲笑やからかい、さりげない、時にはあからさまな集団からの排除、日常生活でよくみられる養育者や教師からの強めの叱責、感覚過敏による不快場面への参加の要請など、発達特性への配慮が十分ではないために起こり得るできごとが契機となり、トラウマ関連症状（その場面の記憶が繰り返し想起される、悪夢、過剰な警戒や驚愕など）が出現しているケースがある。（亀岡　八七頁）

亀岡が指摘するように、ＡＳＤの子どもは定型発達の子どもたち以上に周囲の環境が過度のストレスになり、外傷体験をもたらす危険性を抱えている。ＡＳＤ児者にしばしばみられる「被害的・他罰的認知」や激しい怒りの表出なども、ＡＳＤ児者が体験してきた過度のストレスや外傷体験による苦しみを誰にもわかってもらえないことへの怒りや不信感も大きな原因になっていることは理解する必要があるのではないだろうか。

また、明確に知的障害があると診断されない「知的にボーダーライン」の子どもたちも適切な教育支援が受けられないばかりか、本人の努力が足りないと見なされて、不適切な叱責を浴びせられていく中で、心的外傷にまで追い詰められる場合も少なくないことには十分に留意される必要があるであろう。

４節　教育の現場にＴＩＣの視点を

1　ＴＩＣ（トラウマインフォームドケア）とは

最後に、学校をはじめとする教育現場におけるトラウマインフォームドケアの重要性について指摘しておきたい。

子どもの問題事象を理解していくとき、その背後にある逆境的小児期体験とそれによって生じるトラウマの問題を理解しておくことは、児童養護施設などの児童福祉領域だけでなく、通常の学校教育においても重要な実践課題である。

亀岡は以下のように述べている。

「トラウマインフォームドケア（ＴＩＣ）とは、医療・保健・福祉・教育・司法などさまざまな領域で、トラウマについての理解を深め、サービスの多様な局面でトラウマへの癒しを大切にしようとする支援の基本概念である。また、トラウマの影響を理解し、それにしっかり対応するためのストレングスを基盤にした枠組みでもある。ＴＩＣでは、支援者とクライエント双方の身体面・心理面・感情面の安全が重視され、クライエントがコントロール感を取り戻し、エンパワーされる機会が提供される」（亀岡　一四頁）

亀岡が指摘するように、ＴＩＣは、クライエント（学校で言えば、子どもや保護者）だけでなく、実践者自身の心身の安全が保障されることを目指した取り組みである。

2 トラウマインフォームドケア（TIC）の提供に必要な四つのR

亀岡はアメリカのSAMHSA（米国福祉省薬物乱用精神保健サービス局）の「TICの提供に必要な四つの前提条件：四つのR」を紹介している。以下にその内容を簡単に説明したい。

Realize　トラウマの知識を持つ

まず、トラウマが個人に及ぼす影響についての基本的な知識を持つことは必要不可欠である。それができて初めて子どもの問題行動などの背後にあるトラウマの影響を理解することが可能になるからである。

Recognize　気づく

最初に挙げた子どもの「些細なことで感情が高ぶり、怒りを爆発させるが、その後、何事もなかったかのように接してくる」という行動は、トラウマという視点からみた時、何かが引き金になって過去の外傷体験のフラッシュバックが生じているのではないか、という見方ができると了解可能なものになると考えられる。このように子どもの行動の背後にあるトラウマの影響に「気づく」ことは支援の前提条件であると考えられる。

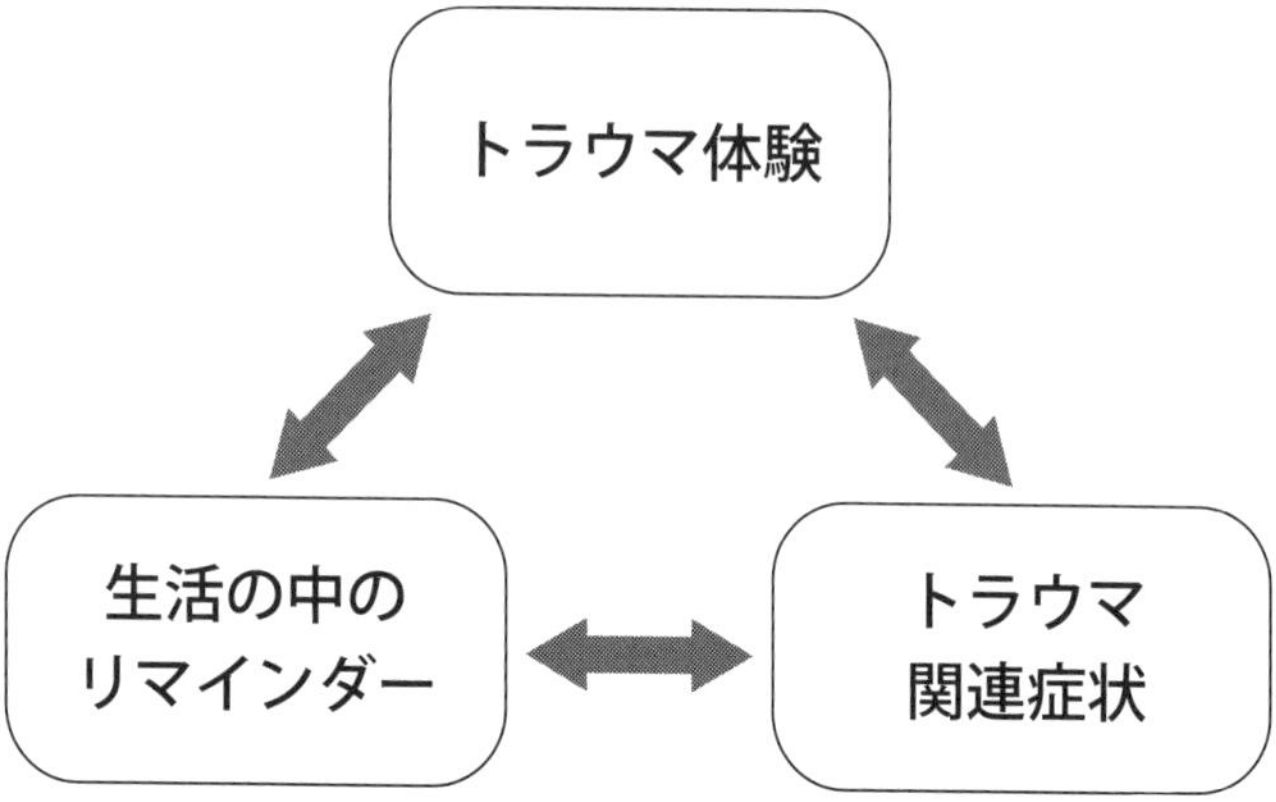

図　トラウマの三角形

亀岡は「TICでは、クライエント自身が、過去のトラウマの影響で、現在困難に陥っているということに気づくことが何よりも大切である」と指摘し、「『どのような状況でどのような反応が引き起こされやすいのか、どのような刺激がひきがねとなりやすいのか』を話し合っていくことが大切」であるとしている。

亀岡はそれをトラウマの三角形の図を使って説明している。（亀岡　二三頁）

このようにして何が引き金（あるいはリマインダー）になってトラウマ関連症状が引き出されるのかを子どもと援助者が共通理解することができれば、それに対する対応も一緒に検討することができると考えられる。

Respond　対応する

子どもの問題の背後にあるトラウマの影響を理解できれば、激しくキレて暴れた子どもをただ叱責するのではなく、「あの時、何かとてもつらいことを思い出しちゃったのかな」というように、何がトラウマ記憶を思い出す引き金になってしまったのかを一緒に考えていくことも可能になってくる。たとえば、事例13のワタルくんの場合、相手からどのような言葉を言われた時に感情コントロールが効かなくなって衝動的に暴力を振るってしまったのかを一緒に考えていくことで、時間はかかるとしても、衝動的な暴力を引き出した外傷体験とその時の感情をワタルくん自身が語れるように援助することも必要になってくると考えられる。

このようにして「未解決の葛藤」となって残っている外傷体験を子どもがしみじみと語れるように援助していくことが、トラウマ記憶（生々しい映像記憶）を通常のエピソード記憶（自分が体験した出来事として物語れる記憶）に変換し、フラッシュバックの症状を軽減させていくためにも重要であろう。（斎藤学　一九九九「封印された叫び：心的外傷と記憶」講談社）

もちろん、本格的なトラウマ治療は心理療法の専門家によって実施されるものであるが、このような記憶のメカニズムについては子どもに関わる仕事をする人々にも求められる、トラウマインフォームドケアの知識であると考えている。

また、「何をやってもうまくいかない」「どうせ私が悪い」といった否定的な考えも、これまでの逆境的小児期体験の中で作られてきた見方、感じ方であると理解できれば、「このような体験をしてきたら、あなたがそう感じて（考えて）しまうのも当然だと思う」と共感的に受けとめていくことも可能になるのではないだろうか。

そして、日々の生活の中で「でも、これはうまくやれた」「私を悪者扱いせず、わかろうとしてくれる人もいるんだ」というように肯定的に感じられる体験を保障していくことで、少しずつ、強固な否定的な見方、感じ方を修正していくアプローチも可能になると考えられる。

Resist re-traumatization 再トラウマの予防

再トラウマの予防も重要な課題である。父親からの慢性的な暴力に曝されてきた子どもは学校で男性教員が少し大きな声で他の子どもを叱った声を聴くだけでもトラウマ体験のフラッシュバックが起こり、恐怖で教室に入れなくなるような事態も生じてくる。

その他、被虐待児の場合、学習や生活のあらゆる場面にトラウマ記憶をフラッシュバックさせるトリガー（引き金）が存在するだけに、まずは子どもを取り巻く環境の何がトリガーになるのかを子どもの話も聞きながら理解し、子どもが安心して生活できる環境を整えていくことが大切であろう。

以上、トラウマインフォームドケアの前提条件について紹介した。

本書では多くの発達障害が疑われる実践事例を紹介したが、発達障害の子どもが定型発達の子ども以上に逆境的小児期体験を経験し、心的外傷に追い込まれる危険性が高いことについては十分な理解が求められるであろう。

いずれにしても、子どもに発達障害があるか、否かを問わず、まず子どもに安心・安全を感じられる学習・生活環境を保障していくことは必要不可欠な実践課題であり、トラウマインフォームドケアは子どもたちが安心・安全を感じられる学習・生活環境を保障していくための最も重要な基盤なのである。なぜなら、このような安心・安全な学習・生活環境の保障が基盤にあってはじめて、逆境的小児期体験を生きてきた子どもが再び他者や世界との関わりで発達(development) のプロセスを歩み直していくことができるからである。

3 「逆境的小児期体験」(ACE)によって阻害されてきた発達のプロセスの回復

八木(二〇二〇)は逆境的小児期体験について以下のように説明している。

「英語で"adverse"は『反対方向に動く(作用する)、逆らう、反する、不利な、不都合な、有害な』という意味であり、したがってACEは、『小児期の健全な成長発達の過程に逆行するような有害な体験』をさすことになる」(八木　一〇頁)

このように、逆境的小児期体験は、まさしく子どもの発達(development) のプロセスを阻害するものであるだけに、その否定的な作用を取り除き、もう一度、子ども本来の発達のプロセスを回復させていくことは何よりも重要な実践課題であろう。

八木は「(ACEのような有害な体験をしてきた)子どもたちは、安全基地と避難所機能の不在、自己効力感を育てる機会の剝奪によって、自己を健全な方向へ発達させるための原資を奪われた状況にある」と指摘している。(八木 一一頁)

その意味では、トラウマインフォームドケアはまずは子どもに安全基地と避難所機能を保障していくことを通じて、子どもの発達に必要な原資を整えるものであるといえよう。

そして、そこを基盤としつつ、それぞれの発達段階における発達(development)に必要な生活世界、すなわち、子どもたちの潜在的な力や可能性が開花し、展開できる活動を保障し、その中で自己効力感を育んでいく教育実践が求められている。そのようにして発達のプロセスを取り戻していくことが、子どもが逆境的小児期体験で受けた否定的な影響から少しずつでも回復していくことになると考えている。

また、その際には、その子どもが興味・関心を持てる活動、子どもが得意な活動を窓口にしながら関わっていくことが重要であろう。なぜなら、そのような活動こそが、子どもの中の潜在的な力や可能性を開花していく契機になる可能性を秘めているからである。

あるASDの傾向と軽度の知的障害をもつ男子生徒は、周囲からの不適切な関わりもあり、

発達疎外状況に追い込まれ、学校での学習を強く拒否していた生徒であった。（坂本光子　二〇二四）

しかし、彼は釣りに対する強い興味・関心を持ち、釣りの技術は大人からも高く評価されていた。そのことを知った担任の坂本はまず、学年で魚釣り大会を企画し、その生徒は見事に優勝。ついで理科の授業の解剖に使用する魚の準備をその生徒に依頼し、さらに、魚の解剖動画の作成の際には見事な包丁さばきを披露してもらい、彼は他の教師や仲間集団から拍手喝采を受けることになった。このことが契機になって彼は理科の授業などから学習意欲を取り戻していく。まさしく学校教育の中で、彼の潜在的な力や可能性が開花し、展開される活動を保障することで、今まで阻害されていた発達（development）のプロセスが再生されていったと言えるのではないか。

上記の生徒は彼のもつ「特別なニーズ」を理解してもらえず、教師の度重なる叱責などの不適切な対応で傷つけられてきた生徒であったが、障害の有無にかかわらず、「逆境的小児期体験」で発達を阻害されてきた子どもに安全基地と避難所機能を保障していくことはトラウマケアのための必要条件ではあっても十分条件ではない。そこを基盤としつつ、もう一度、その子どもの発達のプロセスを展開していける生活世界を子どもたちと一緒に創造していく取り組みこそが、より根本的なところでのトラウマケアになるものであると考えている。

4 教師や援助者自身のトラウマインフォームドケアの重要性

本書で紹介した実践事例では、子どもだけでなく、保護者にもトラウマ体験とそこからくる「未解決の葛藤」が存在する事例があり、保護者への理解と支援においても保護者自身の「未解決の葛藤」への気づきが求められることは既に指摘した。

ところで、亀岡は、「TICでは、支援者とクライエント双方の身体面・心理面・感情面の安全が重視される」と述べていた。言い換えれば、子どもや保護者だけでなく、教師や支援者自身の「身体面・心理面・感情面の安全」を担保していくことも重要な実践課題なのである。教師や支援者自身の中にも小児期逆境体験を生きてきた人は決して少なくないこと、それが「未解決の葛藤」になっていると日々の実践にも影響してしまうことは既に指摘した。

本書の実践報告の中でも、教師や支援員が持つ逆境的小児期体験が多く語られていた。たとえば、事例1、事例3、事例11、事例13などでは支援者自身の過去の傷つきの体験が語られており、そのことが問題を表出する子どもへの共感的理解につながっていた。

過去の傷つき体験があったとしても、それを誰かに語り、受けとめてもらうことで整理され、自分の人生の物語の中に統合されていけば、それは子どもや保護者を共感的に理解していくための大きな手がかりにもなるものであろう。

しかし、自分自身の子ども時代の傷つき体験が整理されず、「未解決の葛藤」として存続している場合には、かえって子どもや保護者との関わりを困難にする場合も少なくない。たとえば、自身の子ども時代のいじめ被害体験での傷つきや加害生徒に対する怒りが整理されていないと、学級でのいじめ加害者になった子どもに対して「許せない」という怒りの感情が激しく出てきてしまい、いじめ加害者の子どもが抱えてきた傷つきや生きづらさをまったく受けとめられないような事態も生じてくる。

また、それだけでなく、日々の実践の中で教師や支援者が体験するトラウマ体験とそこで生じる「未解決の葛藤」の問題を理解しておくことも大切であろう。

たとえば、学級崩壊を体験し、精神的に追い詰められて休職した先生が、休職期間を終えて学校現場に復帰しても、再び担当した学級が崩壊状況に陥ることは少なくない。

学級崩壊状況の中で子ども、さらには保護者からも罵声を浴びせられる状況が長期間続けば、それは心的外傷にまで追い込まれても何ら不思議ではない。そして、もう一度学級担任に復帰しても、子どもや保護者の、周囲の人から見ればそれほど深刻とは感じられない言動が引き金になって学級崩壊時の外傷体験のフラッシュバックが起こり、その苦しさから適切な対応ができずに再び休職、ときには退職にまで追い詰められる事例も多くみられる。

また、そのような状況になると、周囲の人が支援しようとしても、他の人に悩みを語ったり、相談すること自体が思い出したくない外傷体験をフラッシュバックさせるため、回避反応が起こって一切相談もできずに自分の殻に閉じこもってしまう場合も少なくない。

さらに言えば、周囲の人が何とか一緒に考えたい、支援したいと思っても、そのような働きかけ自身が外傷体験のフラッシュバックを引き起こして本人を苦しめるため、「思い出させないでよ」と拒絶されてしまうような事態も生じてくるのである。

このような場合、その教師の抱えている問題をトラウマの観点から理解することが必要不可欠であり、そこでの「未解決の葛藤」を受けとめられ、癒されていかない限り、子どもの問題に向き合う力を取り戻していくことも困難なのである。トラウマインフォームドケアは、子どもや保護者に対してだけでなく、教師や支援者が傷つきを癒し、実践的な力をエンパワーされていくためにも必要不可欠なものなのである。

繰り返しになるが、子ども時代から現在に至る生活史の中で逆境的小児期体験や外傷体験を持っているのは子どもや保護者だけではない。とりわけそれらが「未解決の葛藤」になっている場合には、専門家や周囲の人に上手に助けてもらいながら、少しずつ「未解決の葛藤」を整理し、そこから新たな学びや気づきを築いていくことは、教員や支援者にとっても重要な実践課題なのである。

引用・参考文献

アメリカ精神医学会　二〇一四「DSM―5　精神疾患の分類と手引き　第五版」医学書院
D・M・ドノヴァン＋D・マッキンタイア　西澤哲訳　二〇〇〇「トラウマをかかえた子どもたち」誠信書房
青木省三　二〇二〇「ぼくらの中の『トラウマ』　いたみを癒すということ」ちくまプリマー新書
アントニア・ビフィリコ　吉田敬子他訳　二〇一七「アタッチメントスタイル面接の理論と実践　家族の見立て・ケア、介入」金剛出版
原田誠一編　二〇二一「複雑性PTSDの臨床」金剛出版
広川律子編　二〇〇三「オレは世界で二番目か？　障害児のきょうだい・家族への支援」クリエイツかもがわ
服部恵子「五～六歳の発達と発達診断」白石正久・白石恵理子編　二〇二〇「教育と保育のための発達診断　下　発達診断の視点と方法」全障研出版部　六章
藤野友紀「四歳の質的転換期の発達と発達診断」白石正久・白石恵理子編　前掲書　五章
古荘純一　二〇二四「境界知能　教室からも福祉からも見落とされる知的ボーダーの人たち」合同出版
亀岡智美編　二〇二二「実践トラウマインフォームドケア　さまざまな領域での展開」日本評論社
川崎恵美　二〇一六「『純君、おもしろいやん！』と言える学級を目指して」生活指導　二〇一六年一・二月号　高文研
楠凡之　二〇二〇「七～九歳の発達と発達診断」白石正久・白石恵理子編　前掲書　七章

楠凡之　二〇〇二「いじめと児童虐待の臨床教育学」ミネルヴァ書房
楠凡之　二〇一二「自閉症スペクトラム障害の子どもへの発達援助と学級づくり」高文研
楠凡之・丹野清彦　二〇二二「感情コントロールに苦しむ子ども　理解と対応」高文研
日本体育協会　二〇〇五　公認スポーツ指導者養成テキスト共通科目1　日本体育協会
大河原美以　二〇一五「子どもの感情コントロールと心理臨床」日本評論社
大河原美以　二〇一九「子育てに苦しむ母との心理臨床」日本評論社
F・W・パットナム　中井久夫他訳　二〇〇〇「多重人格障害」みすず書房
斎藤学　一九九九「封印された叫び：心的外傷と記憶」講談社
坂本光子　二〇二四「苦しさの突破口をさぐる」生活指導　二〇二四年四・五月号　高文研
澤田英三　二〇一九「子どもにとって『ナナメの関係』はどのような役割を果たしているのか―生徒指導・進路指導において児童生徒の多面性を受容する存在として―」安田女子大学大学院紀要　第二四集
杉山登志郎・岡南・小倉正義　二〇〇九「ギフテッド　天才の育て方」学研
高橋智・田部絢子・内藤千尋　二〇二四「少年院在院の『境界知能』等の発達困難を有する少年の支援ニーズと発達支援」生活指導　二〇二四年八・九月号
八木淳子　二〇二三「逆境体験とは何か」そだちの科学　三九号　日本評論社　一〇―一六頁
山口智子　二〇〇四「人生の語りの発達臨床心理」ナカニシャ出版

おわりに

この本は発達障害・アタッチメントや感情コントロール、トラウマに関心があり、理解したい人にぴったりの本です。そして、「私が言葉をかけてもあの子は反抗する、言うことを聞いてくれない」と悩んでいる人に、その理由を解き明かしてくれます。

あの子はなぜ荒れるのか。なぜ暴れるのですかと学校の先生に尋ねられ、どうしてなのかと考えるようになりました。そして、同じように大変なクラスや子どもを担任しているのに、持ちこたえる人と、持ちこたえられず、病休に入る人がいました。この別れ道はどこにあるのか。そこにも関心が向きました。

子どもが落ち着かない、暴力を振るうのは発達障害があるからですか。そう聞いてくる人もいましたが、小学校で子どもに接しているときから、発達障害の診断を受けていても、相手に対して攻撃的でない子もいました。一方で、発達障害ではない子にも、激しい子がいました。どうも育てられ方に関係しているようだ。ようするに、怒鳴られ暴力的に育てられた子どもは、攻撃的になるようだとわかりました。しかし、その心理とメカニズムはどうなっているのでしょうか。答えは本書の中にあります。

私は、学級づくり研究会を毎月のように大学で開いてきました。現場の先生が平均して三〇人から四〇人ほど集まります。誰が参加してもいい、自由な研究会です。その感想には、

・どうして教師のいうことを聞いてくれないのか
・発達障害の子どもをどう理解したらいいのか
・子どもを注意すると激しく反抗され、私自身へとへとです

などがありました。

そこで、子どもとの関わり方で相談があれば、学校へ行って話を伺いますと案内したところ、年間に二〇校ほど申し込みがあり、足を運ぶようになりました。相談会で質問される多くが、冒頭の「あの子はなぜ暴れるのですか。立ち歩いて困ります」でした。

子どもの様子を観察しながら、担任の接し方を見ていると、荒れる子を注意すると反抗し、もっと注意すると教室を飛び出す。このパターンです。ある程度この期間が続くと、「もうだめだ」と倒れそうになる人と、「注意するのを諦めよう。好きにさせよう」といい意味で諦める人に分かれていました。

継続して訪問すると、後者の考え方に立った人が持ち直し、実践がいい方向に進み始めるこ

とが多かったです。子どもをコントロールすることをやめること。これが共通点で、さらにいい方向に向かうには、子どもの好き、興味を実践に取り入れることでした。

コントロールしようとする指導スタイルから脱出するには、もうひとつ条件がありました。それは、子どもは教師のいうことを聞くものと思い込んでいる考え方を脱ぎ捨てることです。そして、なぜ激しい態度をとるのだろうと子どもの側から考えることです。

子どもの側から考える思考は、「私は指導力がない教師だ」と自信を失いかけていた人を劇的に元気にしました。立ち歩く→座ってと注意する→暴れる、このパターンから脱却しようと、立ち歩く→何が気になるのと聞き込む、すると「トンボが飛んでいた」、こんな会話が生まれ、「あの子が立ち歩いているのには理由があった」とホッとしました。子どもの言動にはわけがある。それが理解できると、実践に余裕が生まれ、膨らみが出てきました。

解説では、人間というのは生育歴の中で人それぞれ葛藤を抱えている。特性を理解し、多角的に言動を見ていくことが大切だと示しています。私たちは誰ひとり同じ人はいない、複雑な人間を相手にしていると、改めて感じました。

最後になりましたが、出版のお願いを快く引き受けていただき、丁寧に編集してくださった高文研のみなさま、本当にありがとうございました。厚く感謝いたします。

二〇二四年　六月　**丹野　清彦**

楠　凡之（くすのき・ひろゆき）

1960年生まれ。京都大学教育学研究科後期博士課程満期退学。北九州市立大学教授。専門は臨床教育学。日本生活指導学会理事、全国生活指導研究協議会研究全国委員、日本学童保育学会代表理事。NPO法人学童保育協会理事長。

おもな著書に『感情コントロールに苦しむ子ども　理解と対応』（共著、高文研、2022年）『虐待・いじめ　悲しみから希望へ』（高文研、2013年）『自閉症スペクトラム障害の子どもへの発達援助と学級づくり』（高文研、2012年）『「気になる保護者」とつながる援助』（かもがわ出版、2008年）などがある。

丹野 清彦（たんの・きよひこ）

大分の公立小学校で働き、人生の楽園を夢見て北海道へ移住する。その後、琉球大学教授となる。現在は大学で非常勤講師として働いている。全国生活指導研究協議会研究全国委員。

おもな著書に『感情コントロールに苦しむ子ども 理解と対応』（共著）『子どもが変わるドラマのセリフ もっと話がうまくなる』『子どもの願い いじめ vs12 の哲学』『今週の学級づくり』『ドタバタ授業を板書で変える』『子どもをハッとさせる教師の言葉』『子どもと読みたい子どもたちの詩』『少年グッチと花マル先生』（以上高文研、溝部清彦名義もあり）などがある。

あの子はなぜ荒れるのか
発達障害・アタッチメントと
トラウマインフォームドケア

●二〇二四年 七 月一〇日――――第一刷発行

著　者／楠 凡之・丹野 清彦

発行所／株式会社 高文研
東京都千代田区神田猿楽町二―一―八
三恵ビル（〒一〇一―〇〇六四）
電話03―3295―3415
https://www.koubunken.co.jp

印刷・製本／中央精版印刷株式会社

★万一、乱丁・落丁があったときは、送料当方負担でお取りかえいたします。

ISBN978-4-87498-885-5 C0037